我国中小企业人力资源管理系统强度研究

唐贵瑶◎著

RESEARCH ON THE STRENGTH OF
HUMAN RESOURCE MANAGEMENT OF SMEs

图书在版编目（CIP）数据

我国中小企业人力资源管理系统强度研究／唐贵瑶著．—北京：经济管理出版社，2018.12
ISBN 978-7-5096-5293-0

Ⅰ.①我… Ⅱ.①唐… Ⅲ.①中小企业—人力资源管理—研究—中国 Ⅳ.①F279.243

中国版本图书馆 CIP 数据核字（2019）第 294281 号

组稿编辑：张永美
责任编辑：魏晨红
责任印制：黄章平
责任校对：王淑卿

出版发行：经济管理出版社
　　　　　（北京市海淀区北蜂窝 8 号中雅大厦 A 座 11 层　100038）
网　　址：www.E-mp.com.cn
电　　话：（010）51915602
印　　刷：三河市延风印装有限公司
经　　销：新华书店
开　　本：720mm×1000mm/16
印　　张：13.25
字　　数：180 千字
版　　次：2019 年 12 月第 1 版　2019 年 12 月第 1 次印刷
书　　号：ISBN 978-7-5096-5293-0
定　　价：55.00 元

·版权所有　翻印必究·

凡购本社图书，如有印装错误，由本社读者服务部负责调换。
联系地址：北京阜外月坛北小街 2 号
电话：（010）68022974　邮编：100836

前　言

改革开放以来，我国中小企业获得了快速发展。但由于外部环境和内部条件的限制，中小企业的发展仍面临融资困难、人才匮乏、行业竞争无序等问题。在外部资源获取难度增大的形势下，充分挖掘现有资源潜力，发挥现有资源优势的作用就显得尤为重要。人才资源是企业最重要的资源之一，是企业持久竞争优势的源泉。因此，中小企业想要谋求发展，就必须对企业人力资源进行高效的管理与运用。学术界普遍认为，赋予企业竞争优势的是其人力资源管理系统，而非单一的人力资源管理措施。因此，深入研究中小企业的人力资源管理系统具有重要的理论意义和实践价值。

尽管学界已对企业人力资源管理系统开展了较为详细的研究，但在研究角度的选取、研究对象的选择方面存在一定的局限性。首先，现有研究聚焦于人力资源管理系统的内容，将人力资源管理视为一个整体系统，关注人力资源管理的具体措施以及如何通过这些措施的组合来协同提升组织绩效。但是，实际上人力资源管理系统的实施效果不仅取决于内容建设，还会受到实施过程的影响，然而现有研究并未给予人力资源管理实施过程应有的重视。其次，现有研究主要集中于大型企业人力资源管理体系研究，忽视了广大中小企业的人力资源管理实践问题。中小企业不仅是数量最大、最具活力的企业群体，也是推动创新的生力军。中小企业作为社会主义市场经济的重要组成部分，是我国实体经济的重要基础，但长期以来对中小企业人力资源管理的实践问题缺乏关注。因此，如何从人力资源管理角的度改善中小企业经营、激发创新活力是业界、学界共同面临的重要课题。

为此，本书以中小企业为研究对象，从人力资源管理强度（HRM Strength）入手，探究中小企业人力资源管理发展现状、评价指标、影响因素、作用结果以及实践启示。人力资源管理系统强度强调人力资源管理措施的具体内容能否有效地被员工感知和认可，以及能否在员工内部形成普遍的信念和认同。人力资源管理强度不仅关注人力资源管理政策、制度、措施等内容选择，还更加关注人力资源管理的实施过程，即这些人力资源实践组合是否真实地、清晰地被员工所了解和认可。因此，人力资源管理系统强度是一个评判人力资源管理系统综合质量的概念，不能简单地按照字面意思理解为人力资源管理的力度、制度的严格程度等。相比"普适观"和"权变观"人力资源理论，"人力资源管理强度"并不过多涉及具体的管理措施，因而不仅能克服"普适观"人力资源管理模式不够灵活的缺点，而且其对人力资源管理系统"特征"的描述能够为企业提供纲领性的指导，使管理者不必陷入"权变观"理论过多的权变因素中去，达到"纲举目张"的目的。因此，清楚地界定何为"好"的人力资源管理系统以及其影响因素、作用后果有助于中小企业管理者在管理过程中有的放矢，提升我国中小企业竞争力，也可以为相关部门制定政策提供参考。

本书共分为六章，从五个方面围绕中小企业实践阐述人力资源管理强度，主要内容分别如下：第一部分是导论（第一章）主要阐述本书的研究背景、研究思路与结构、研究问题、创新点和意义。第二部分（第二章、第三章）主要阐述了人力资源管理强度的理论基础与研究综述。现有人力资源管理强度研究主要基于资源基础论、人力资本理论、代理理论/交易成本理论以及资源依赖理论展开。相关文献综述主要梳理了人力资源管理强度概念与测量工具两个方面的内容。第三部分（第四章）以我国中小企业人力资源管理现状调研为主，包括中小企业特征下人力资源管理的优势与问题，以及不同行业背景下中小企业人力资源管理的现状特点。第四部分（第五章）介绍我国中小企业人力资源管理强度的实证研究，主要探究人力资源管理强度的影响因素与作用结果。第五部分（第六章）是提高我国中小企业人力资源管理强度的对策建议，主要总结了中小企业现有人力资源管理系统的强度，并结合中小企业人力资源管理转型现状提出提高其人力资源管理系统强度的具体措施。

　　基于六个章节的论述，本书的贡献点主要体现在以下三个方面：第一，本书专注于人力资源管理实施过程的研究。以往的研究大多关注具体的人力资源管理措施内容，并发展出两个主流观点，即人力资源管理"普世观"与"权变观"。前者认为存在一套所有组织都适用的人力资源管理措施，并尝试找出若干"好"的人力资源管理模式，但该观点过于强调人力资源管理措施的通用性，却忽视了企业规模、战略以及外部环境等因素，导致其给出的管理模式并不"普适"；后者认为人力资源管理系统的灵活性尽管得到重视但缺乏具体的、可遵循的管理模式。现有主流的这两种观点都主要围绕人力资源管理体系的内容设计展开，却忽视了这些措施的具体实施过程，理所当然地认为组织实施了这些措施以后就可以取得理想的结果。实际上，人力资源管理系统的实施效果不仅取决于内容建设，还会受到实施过程的影响。本书从人力资源管理实践过程入手，关注如何通过提高企业人力资源管理强度来挖掘人力资源潜力，达到人力资源管理预期目标。具体地，首先，本书从发展渊源、理论基础、维度与测量三个方面深度剖析了人力资源管理强度概念的内涵，并总结了围绕该概念开展的相关研究。其次，采用案例研究方法和实证研究方法，进一步探究了CEO授权型领导、高管团队对人力资源管理的支持、HR经理的向下沟通等对人力资源管理强度的影响，以及人力资源管理强度对员工创新行为、组织创新绩效等结果的影响。综上所述，本书明晰了人力资源管理强度的概念与内涵，探究了组织层面人力资源管理强度的影响因素，以及在组织层面、员工层面的影响效果和作用机制，并特别关注了其对组织创新绩效和员工创新行为的促进作用，不仅丰富了人力资源管理强度的相关研究，还对创新性组织的培育提供了启发。

第二，本书从现象出发，关注中国情境下中小企业人力资源管理强度问题。尽管人力资源管理强度概念已提出多年，但基于中国企业情境的人力资源管理强度研究相对匮乏。在中国转型发展的背景下，中小企业研究对象的选取显得尤为重要。2018年国家统计局数据显示，我国中小企业贡献了50%以上的税收，60%以上的GDP，70%以上的技术创新，80%以上的城镇劳动就业，90%以上的企业数量，是国民经济和社会发展的生力军，是建设现代化经济体系、推动经济实现高质量发展的重要基础。尽管中小企业在我国经济发展中占据了如此重要的地位，但长期以来，广大中小企业的人力资源管理实践现象和实践问题并未得到足够的关注。本书基于中国情境，以中国中小企业为研究对象，从人力资源管理入手，调研、总结和分析中小企业人力资源管理强度的现状与问题，不仅情景化了人力资源管理强度的研究与实践，还将为中小企业自身发展乃至我国创新型社会的培育提供启发。

第三，本书从实践中来到实践中去，将学术研究落脚于企业实践，致力于推进企业人力资源管理发展。管理学研究的一个很大的目的是改善企业实践、服务社会发展，人力资源管理研究亦是如此。人力资源管理强度概念的提出不仅是本领域研究的一个重要突破，也为观察、检验和促进企业人力资源管理实践提供了一个全新视角。本书基于对人力资源管理强度概念的明晰、理论基础和前因因素与影响效果等相关研究的梳理，结合中小企业人力资源管理转型背景提出强化人力资源管理强度的可行措施，有力地将学术研究成果与实践发展相结合，势必会为中小企业人力资源管理的规范化、科学化、精细化和效益化提供启发。

唐贵瑶
2019年11月

目 录

1 导 论 ··· 1

    1.1 研究背景 ·· 3

    1.2 研究思路 ·· 5

    1.3 研究问题 ·· 7

    1.4 创新与贡献 ·· 8

2 人力资源管理强度的理论基础 ·· 13

    2.1 资源学派的观点 ·· 15

        2.1.1 资源基础论概述 ·· 15

        2.1.2 企业的重要资源——人力资源 ···················· 17

        2.1.3 企业能力理论 ·· 19

    2.2 人力资本理论 ··· 20

        2.2.1 早期人力资本理论 ····································· 20

        2.2.2 现代人力资本理论 ····································· 20

        2.2.3 当代人力资本理论 ····································· 21

    2.3 代理理论/交易成本理论 ·· 24

    2.4 资源依赖理论 ··· 27

3 人力资源管理强度的研究综述、评析与展望 ···················· 33

    3.1 人力资源管理强度概念的形成和内涵 ···················· 37

3.2 人力资源管理强度的维度划分、特征与测量 …… 39
    3.2.1 人力资源管理强度的维度划分及特征 …… 39
    3.2.2 人力资源管理强度的测量 …… 42

4 我国中小企业人力资源管理现状调研 …… 47

4.1 中小企业的概念 …… 49
    4.1.1 中小企业的定义 …… 49
    4.1.2 中小企业的发展环境变化 …… 50
    4.1.3 中小企业的特点 …… 50
    4.1.4 中小企业的重要性 …… 52

4.2 中小企业的人力资源管理优势及问题 …… 53
    4.2.1 人力资源管理对中小企业的作用 …… 53
    4.2.2 中小企业人力资源管理的优势 …… 56
    4.2.3 中小企业人力资源管理存在的问题 …… 57

4.3 中小企业人力资源管理现状 …… 65
    4.3.1 我国中小企业整体分布特点 …… 65
    4.3.2 我国中小企业不同行业人力资源管理现状 …… 80

5 我国中小企业人力资源管理强度的实证研究 …… 105

5.1 人力资源管理强度的前因探讨
    ——基于××中小企业的案例研究 …… 107
    5.1.1 文献回顾与理论假设 …… 108
    5.1.2 研究设计与案例背景 …… 113
    5.1.3 结论、启示与局限 …… 117

5.2 高强度人力资源管理系统构建与企业创新
　　　　——基于我国中小企业的实证研究 ································ 119
　　　　5.2.1 引言 ·· 120
　　　　5.2.2 文献回顾与假设推演 ·· 122
　　　　5.2.3 研究方法 ·· 127
　　　　5.2.4 数据分析和结果 ·· 130
　　　　5.2.5 讨论 ·· 135
　　5.3 组织沟通质量对员工创新行为的影响及作用机制研究 ········ 138
　　　　5.3.1 引言 ·· 138
　　　　5.3.2 研究假设与理论推演 ·· 141
　　　　5.3.3 研究方法 ·· 147
　　　　5.3.4 数据分析和结果 ·· 150
　　　　5.3.5 讨论 ·· 154

6 支持我国中小企业人力资源管理强度的对策与建议 ············ 167

　　6.1 现代中小企业人力资源管理系统够"强"吗？ ···················· 169
　　　　6.1.1 停留在内容层面的中国企业人力资源管理 ············ 170
　　　　6.1.2 路漫漫兮，如何上下而求索 ·· 171
　　6.2 支持我国中小企业人力资源管理转型的具体措施 ················ 176
　　　　6.2.1 中小企业转型环境 ·· 176
　　　　6.2.2 转型期中国人力资源管理面临的挑战 ···················· 179
　　　　6.2.3 有效推动中小企业转型的具体措施 ···················· 181
　　6.3 提高人力资源管理强度的具体措施 ·· 184
　　　　6.3.1 建立规范的员工招聘选拔体系 ···································· 185

6.3.2 重视培训管理 …………………………………… 187

6.3.3 建立以结果为导向的绩效考核体系 ……………… 193

6.3.4 重视建立与绩效挂钩的薪酬体系 ………………… 195

6.3.5 重视实施严格的劳动纪律管理 …………………… 198

后　记 ……………………………………………………… 203

Contents

Chapter 1   Introduction   1

1.1   Research Background   3

1.2   Research Ideas   5

1.3   Research Questions   7

1.4   Innovation and Contribution   8

Chapter 2   Theoretical Foundation of the Strength of HRM   13

2.1   Resource-based View (RBV)   15

2.1.1   Overview of RBV   15

2.1.2   Important Business Resource—Human Resource   17

2.1.3   Competency-based Perspective   19

2.2   Human Capital Theory   20

2.2.1   Early Human Capital Theory   20

2.2.2   Modern Human Capital Theory   20

2.2.3   Contemporary Human Capital Theory   21

2.3   Agency Theory/Transaction Cost Theory   24

2.4   Resource Dependence Theory   27

Chapter 3   Review, Analysis and Prospect of the Strength of HRM   33

3.1   Concept and Connotation of the Strength of HRM   37

3.2   Dimension Classification, Characteristics and Measurement of the Strength of HRM　39

　　3.2.1　Dimension Classification and Characteristics of the Strength of HRM　39

　　3.2.2　Measurement of the Strength of HRM　42

Chapter 4　System Research on Current Situation of HRM of SMEs　47

　　4.1　Concept of SMEs　49

　　4.1.1　Definition of SMEs　49

　　4.1.2　Changes in the Development Environment of SMEs　50

　　4.1.3　Features of SMEs　50

　　4.1.4　The Importance of SMEs　52

　　4.2　HRM Advantages and Problems of SMEs　53

　　4.2.1　Role of HRM in SMEs　53

　　4.2.2　HRM Advantages of SMEs　56

　　4.2.3　HRM Problems of SMEs　57

　　4.3　Current Situation of HRM in SMEs　65

　　4.3.1　Overall Distribution Features of SMEs　65

　　4.3.2　Current Situation of HRM in SMEs in Different Industries　80

Chapter 5　The Strength of Human Resource Management of SMEs　105

　　5.1　Research on Antecedents of the Strength of HRM　107

　　5.1.1　Literature Review and Hypothesis　108

　　5.1.2　Study Design and Case Background　113

　　5.1.3　Conclusions, Implications and Limitations　117

　　5.2　High Strength System of HRM and Enterprise Innovation　119

5.2.1　Introduction　120

5.2.2　Literature Review and Hypothesis　122

5.2.3　Research Method　127

5.2.4　Data Analysis and Results　130

5.2.5　Discussion　135

5.3　Organizational Communication Quality and Employee Innovation: The Mechanism of the Strength of HRM　138

5.3.1　Introduction　138

5.3.2　Research Hypotheses and Theoretical Deduction　141

5.3.3　Research Method　147

5.3.4　Data Analysis and Results　150

5.3.5　Discussion　154

Chapter 6　Suggestion on Supporting the Strength of HRM of SMEs　167

6.1　Is Modern HRM System of SMEs "Strong" Enough?　169

6.1.1　Stay at the Content Level of HRM of Chinese SMEs　170

6.1.2　The Road ahead Will Be Long and Our Climb Will Be Steep　171

6.2　Specific Measures to Support SMEs' HRM in Transition　176

6.2.1　SMEs' Transformation Environment　176

6.2.2　Transition Challenge of HRM in China　179

6.2.3　Effectively Promote the Transformation of SMEs　181

6.3　Specific Measures to Improve the Strength of HRM　184

6.3.1　Establish Standards of Employee Recruitment and Selection System　185

6.3.2　Pay Attention to Training Management　187

6.3.3　Establish Result-oriented Performance Evaluation System　193

6.3.4　Set Highly Performance-related Compensation System　195

6.3.5　Attach Importance to Carrying out Strict Discipline Management　198

1 导论

1.1 研究背景

随着经济全球化的进一步发展,企业面临的市场竞争逐渐国际化和白热化。对于我国大多数企业来说,单纯追求市场定位和产权改革并不是企业获得竞争优势的保证。知识经济时代的到来加剧了企业之间的激烈竞争,这要求企业必须不断提升自身的核心竞争力,占据市场制高点,保持持续的竞争优势。

当下,经济快速发展,如何科学有效地管理企业成为社会关注的热点。社会发展到了 21 世纪,企业发展竞争所依赖的各种资源中,资本、土地、原料、设备等资源优势已经成为短暂的优势,但是它们在企业实现战略目标的过程中逐渐失去了竞争优势。在这个过程中人力资源(Human Resources)成为现代企业竞争中必不可少的战略资源,企业业务流程的有效运行离不开人力资源。因此,企业的人力资源管理(Human Resource Management,HRM)有极大的必要性,HRM 工作的有效性成为企业发展最重要的因素。人才作为保持企业可持续发展的原动力,帮助企业在日益激烈的市场竞争中占据一席之地。

当前的大形势是我国正处于建设和谐社会的关键阶段,党中央在全局和战略高度下做出了这一历史性决策,带领全国人民积极为构建社会主义和谐社会而努力。同时,我国也正处于建设创新型国家的关键时期,企业的实力是国家富强的基础,而提高企业实力的关键是进行合理的人力资源管理,进行 HRM 实践的创新,提高企业所有员工的工作积极性并激发员工的创造性。当前,我国在全球劳动力市场上已经不再具有绝对的成本优势,因此,我国企业应该大力提高企业在其他方面的优势,而不是仅依托低廉的劳动力获取竞争力。此外,我国企业应该紧随经济的发展及时调整企业内部 HRM 措施的实施,深入分析制约企业 HRM 系统良好运行的因素和障碍,提高企业的核心竞争力。随着经济水平的不断提高,我国的 HRM 措施也发生了重大的变化,传统的人事管理注重的是考勤等基础性工作,现代企业 HRM 的核心已经转移到人才测评、薪酬激励等制度上。

然而,当前存在的问题是企业 HRM 被管理者所忽视。我国大部分企业并没有意识到 HRM 在企业管理中所担当的重要角色,许多企业内部 HRM 还存在很多问题,如不考虑自身的实际情况,盲目照搬其他企业的人力资源管理系统;企业内部冲突过多等;此外,一些企业虽然拥有完整的 HRM 战略和较完善的人力资源管理制度,但是实施过程缺乏有效的控制,使整个系统浮于形式,不能解决实际问题以及促进企业发展。目前关于企业人力资源管理系统符合企业实际状况的研究较多,近年来这一问题也引起了企业的关注,但是关于人力资源管理实施过程控制的研究依旧少有人问津。因此,如何科学有效地控制人力资源实施过程,有效激励员工,使员工在工作中发挥出最大的潜质是一个有较强实践意义的课题。

以往关于人力资源管理的观点及其相关研究主要着眼于人力资源管理措施的具体内容,而忽略这些措施的实施过程。在评估人力资源管理实践的作用效果时,人力资源管理政策、制度等的选择问题一直是焦点,但人力资源管理的实施过程却出现研究不足的问题(Bowen 和 Ostroff,2004)。例如,战略人力资源管理(Strategic HRM)的普适观(Universalism)认为,有一套对所有企业都普遍适用的人力资源管理实践。这些"最佳人力资源管理实践措施"(Best HRM Practices)被认为可以对所有企业都有益处。另外,权变观点认为,人力资源实践与绩效的关系受到组织战略的影响（Miles 和 Snow，1994；Wright 和 Snell，1991）。故而，企业可依据组织战略采取相应的 HRM 政策和实践措施，从而不断开发组织潜在的人力资源、员工与企业战略相匹配的职业知识和岗位技能、员工的工作动机（Cappelli 和 Singh，1992）。尽管这些人力资源管理措施非常重要，但员工能否正确、清楚地理解这些人力资源措施并支持配合相关工作将对人力资源管理实施效果产生更深远的影响。针对如何控制人力资源管理过程这一研究空缺，Bowen 和 Ostroff 提出了"人力资源管理强度"（Strength of Human Resource Management）的构念，认为企业在关注人力资源管理内容的同时也要注重人力资源管理实践的过程。也就是说，要让员工能很好地依据人力资源管理内容高效地配合其实施，这样才能达到知行合一的管理效果。

因此，无论是从实践角度还是理论角度，都有必要立足于中国企业的实际情况，开展关于人力资源管理强度的系统研究，这不但可以弥补相关研究的空白，更为企业的人力资源管理实践提供了更多有价值的参考。

1.2 研究思路

本书综合运用文献梳理分析、理论研究以及实证研究等各种方法，对人力资源管理强度（Strength of HRM）进行系统的阐释与分析。在概念解析的基础上进一步探究 HRM 强度在中国特有文化情境下的含义，进而构建符合中国情境的评价指标体系。本书从我国中小企业的 HRM 现状入手，通过对我国中小企业 HRM 的调研分析，为研究 HRM 强度提供实证支持和实践指导。本书的研究思路主要在于：

（1）将人力资源管理强度这个前沿和热点问题引入我国情境进行探

讨，介绍其含义以及在中国情境下的意义和内涵，为之后更加深入和系统地展开相关研究奠定理论基础。

（2）深入调研我国中小企业现阶段的 HRM 情况，分析中小企业所面临的 HRM 问题和挑战；确定我国企业现阶段改进 HRM 系统的方法和策略，通过实证研究方法奠定研究基础。

（3）系统地阐述与 HRM 强度相关的变量因素，梳理出 HRM 强度的理论基础。通过对文献的评述探讨相关研究存在的不足，提出 HRM 强度的框架模型，为之后评价指标的构建、人力资源管理强度的影响因素和作用结果的研究提供前提，从而更好地为我国中小企业人力资源管理系统强度建设提供建议。

（4）根据我国中小企业实际情况，在理论基础的指导下构建符合我国特有的文化情境的 HRM 强度评价指标体系。情境研究是探索现阶段我国出现的新问题、新现象的一种研究方法。本书在中国中小企业实际调研的基础上得出我国现有 HRM 系统强度发展过程中所出现的问题并据此构建相应的评价指标体系。

（5）在理论基础上分析影响 HRM 强度的前因变量以及 HRM 强度的结果变量。通过对以往资料的整合分析其影响因素以及强度对于企业的作用结果。在探索人力资源管理强度的作用时恰当地选择中介机制与调节机制，如研究人力资源管理强度对员工行为的影响，或者是在高强度人力资源管理强度下，企业与员工之间的关系如何变化等。

（6）在理论研究和作用机制的基础上提出提高中小企业 HRM 系统强度的启示与建议。

本书的结构框架如图 1-1 所示。

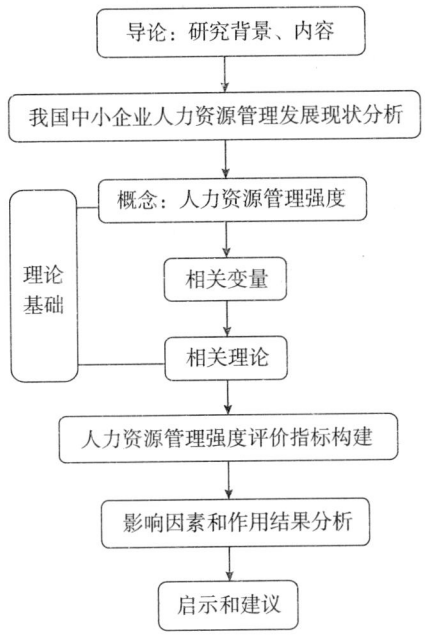

图1-1 本书的结构框架

1.3 研究问题

本书在理论和实证研究的基础上对我国中小企业 HRM 现状进行分析，结合国内外对 HRM 强度的概念解释，系统阐述我国企业 HRM 系统强度。本书主要解决以下几个问题：

(1) 在调研基础上分析我国中小企业在进行人力资源管理过程中实际面临的问题与应对的挑战，此过程包括不同行业性质的企业，试图多方面、多角度阐述我国中小企业 HRM 现状。

（2）结合国内外对于HRM强度的解释，系统解释HRM强度的概念以及相关含义。例如，人力资源有效性、高绩效工作系统，并对它们之间的关系机制进行探讨研究，探讨HRM措施在组织层面的角色以及相应情境研究，分析HRM强度的理论支撑。

（3）根据企业调研情况分析符合我国企业具体情境的人力资源管理强度评价要素，构建评价指标体系，为我国企业人力资源管理强度的测评提供指导。

（4）分析HRM强度的影响机制以及HRM强度的作用机制，以实证研究为基础构建HRM强度的作用模型。

（5）根据我国中小企业HRM的现存问题，在梳理理论研究和作用机制的前提下，针对我国中小企业HRM系统强度提出建设性的启示和建议。

1.4 创新与贡献

第一，我们发现，从文献数量和研究角度上看，对人力资源管理强度的讨论，无论是实证研究还是理论探讨，都相对比较匮乏。以往关于人力资源管理强度的研究大多着眼于其作用效果，即对员工、企业的影响。另外，尽管国内外的相关研究大多采用Bowen和Ostroff（2004）划分的人力资源管理强度维度，但在具体应用中以及量表的具体开发和使用上却存在一些混淆。有的只用了Bowen和Ostroff（2004）划分的人力资源管理强度维度的某一方面，有些题目的设计较为简单，不能涵盖Bowen和Ostroff（2004）划分的人力资源管理强度的全部内容。目前，这些研究初步证实了人力资源管理强度对企业起着积极作用：只有完善的人力资源管理措施获得有效实施（高强度），才能在员工身上发生具体作用，使其感受到企业人力资源管理实践的效果并发生行为上的改变，例如更加愉悦地工作并产生更好的个人表现。对此，本书将从人力资源管理强度的概念入手，梳理其维度特征，并且深入分析作为人力资源管理强度的三个维度（独特性、一致性和共识性）之间的关系；探究三个维度对个人以及组织的影响差异；分析哪些因素（包括环境和组织的因素）决定了强度的高低。这是本书的创新点之一。

第二，目前关于人力资源管理强度的前因变量研究尚属空白，仅有的研究也只是关注其作用效果（李敏等，2011；Li、Frenkel 和 Sanders，2011）。本书旨在建立全面的、系统的关于人力资源管理强度的知识体系，因此应该对其决定机制以及这些因素的影响作用进行探讨。首先，随着企业面临的环境的不断变化，直线经理参与人力资源管理实践的现象很是普遍，所以直线经理的参与程度和授权程度都影响着人力资源管理强度（Delmotte 等，2012）。人力资源经理与直线经理对人力资源管理措施高度认同且目标一致时，人力资管理措施就能够有效贯彻执行（Currie 和 Procter，2001）。此外，以往文献表明，领导力以及组织结构特征都可能对组织氛围有显著影响（Ashforth，1985；Ostroff 等，2003）。因此，什么样的领导风格和组织特征会利于形成高强度的人力资源管理呢？这些问题都有待解决，未来的研究可以进一步探讨领导行为、组织特征等因素对人力资源管理强度会产生怎样的影响。

第三，当前关于人力资源管理强度作用结果的研究主要具有两方面的特点：

（1）对个体层面的结果变量研究较多，对组织层面的变量研究较少。仅有为数不多的相关实证研究中，大部分集中于探讨人力资源管理强度对员工工作态度和行为的影响（Li 等，2011）；而对人力资源管理强度在组织层面影响的研究却少之又少（张敏，2004）。鉴于 Bowen 和 Ostroff（2004）提出的"员工感知的人力资源管理强度的各个维度都对企业绩效有显著的正向影响"，未来研究可进一步拓展到人力资源管理强度对企业层面相关变量（企业的产品创新绩效、公司创业以及市场绩效等）的作用。这样，可以从不同的层面（员工层面、企业层面）或多层面同时探讨人力资源管理强度的影响作用以进一步丰富人力资源管理的研究文献。

（2）在已有的实证研究文献中，大面积集中于对人力资源管理强度的积极作用研究。因此，人力资源管理强度是否具有相应的"阴暗面"还有待于进一步探索。在最近的相关研究文献中，也有学者开始探讨人力资源管理实践可能产生的负向影响（Van Buren、Greenwood 和 Sheehan，2011；Jensen、Patel 和 Messersmith，2011）。以提高企业竞争优势为最终目标的人力资源管理实践若是只以提高企业竞争优势为目的可能会引起员工更大工作压力和心理焦虑，从而迫使员工离职（Jensen 等，2011）。因此，未来关于人力资源管理强度作用结果的研究，一方面可以考虑进一步深化个体层面变量，同时展开更多组织层面变量；另一方面可以结合人力资源管理强度的正面作用和负面作用进行相关的实证研究。

第四，从现有文献来看，人力资源管理强度的相关实证研究在国外也尚处于起步的初始阶段，而中国特有的文化情境下针对人力资源管理强度的相关系统性实证研究更是缺乏。所以，人力资源管理强度的研究急需本土化，与我国的具体情境进行对接（赵曙明，2011）。这就启示我国的研究学者有必要利用国内的数据对国外学者开发的相关量表进行验证，进而对其进行修正完善，开发出适合中国情境的量表。未来的实证研究可以结合质化研究和已有实证统计方法的创新来进一步验证和修正人力资源管理强度量表在中国情境下的测量和使用。

本章参考文献

[1] Ashforth B. E. Climate Formation: Issues and Extensions [J]. Academy of Management Review, 1985, 10 (4): 837-847.

[2] Bowen D. E., Ostroff, C. Understanding HRM – firm Performance Linkages: The Role of the "Strength" of the HRM System [J]. Academy of Management Review, 2004, 29 (2) 203-221.

[3] Cappelli P., Singh H. Integrating Strategic Human Resources and Strategic Management [M]//D. Lewin, O. S. Mitchell & P. D. Sherer (eds.), Research Frontiers in Industrial Relations and human Resources Madison, WI: IRRA. 1992: 165-192.

[4] Currie G., Procter S. Exploring the Relationship between HR and Middle Managers [J]. Human Resource Management Journal, 2001, 11 (3): 53-69.

[5] Delmotte J., De Winne S., Sels, L. Toward an Assessment of Perceived HRM System Strength: Scale Development and Validation [j]. The International Journal of Human Resource Management, 2012, 23 (7): 1481-1506.

[6] Jensen, J. M., Patel, P. C., Messersmith, J. Exploring Employee Reactions to High Performance Work Systems: Is there a Potential "dark side"? [J]// Academy of Management Proceedings, Briarcliff Manor, NY 10510: Academy of Management. 2011, 11 (1): 1-6.

[7] Li X., Frenkel S. J., Sanders K. Strategic HRM as Process: How HR System and Organizational Climate Strength Influence Chinese Employee Attitudes [J]. The International Journal of Human Resource Management, 2011,

22（9）：1825-1842.

[8] Miles R. E, Snow, C. C. Fit, Failure and the Hall of Fame: How Companies Succeed or Fail [M]. New York: The Free Press, 1994.

[9] Ostroff, C., Kinicki, A. J., Tamkins, M. M. Organizational Culture and Climate [M]//Borman, W. C., Ilgen, D. R. (eds.), Handbook of Psychology: Industrial and Organizational Psychology, John Wiley, New York, NY, 2003. 565-593.

[10] Van Buren III, H. J. Greenwood M., Sheehan C. Strategic Human Resource Management and the Decline of Employee Focus [J]. Human Resource Management Review, 2011, 21 (3)：209-219.

[11] Wright P. M., Snell S. A. Toward an Integrative View of Strategic Human Resource Management [J]. Human Resource Management Review, 1999, 1 (3)：203-225.

[12] 李敏，刘继红，Frenkel S. J. 人力资源管理强度对员工工作态度的影响研究 [J]. 科技管理研究，2011（19），147-150.

[13] 张敏. 人力资源管理体系强度与企业战略调整 [J]. 中国人力资源开发，2004（9）：68-70.

[14] 赵曙明. 人力资源管理理论研究新进展评析与未来展望 [J]. 外国经济与管理，2011, 33（1）：1-10.

2

人力资源管理强度的理论基础

人力资源管理理论的发展与其他学科具有紧密的联系,其中包括经济学、政治学、社会学和心理学等,在吸取了它们的观点后,形成了以下五种具有代表性的观点:包括资源基础论和以能力为核心的资源学派的观点;代理理论和交易成本理论;资源依赖理论;行为学派的观点;控制/系统论制度理论等。以下就各学派主要观点进行简要介绍,并简述人力资源管理理论的发展历程。

2.1 资源学派的观点

2.1.1 资源基础论概述

依据组织经济学及战略管理观点所发展而来的资源基础论(Resource-Based View,RBV),最大的贡献是弥补了产业组织经济学的静态与均衡观点所带来的不足。与注重产业和环境分析的传统战略理论不同的是,它将企业战略与组织资源结合,从而确立企业在市场中的竞争地位。

目前，资源基础理论逐渐形成以下三个学派，分别是传统资源基础理论、企业知识理论和企业能力理论。首先，传统资源基础理论学者持有这样的观点，企业是具有特定意义的"资源的独特集合体"，企业保持的长期竞争优势根源主要是其拥有和控制的特殊资源和战略资产（Penrose，1959；Barney，1991；等等）。然而，企业能力理论学者（Prahala 和 Hamel，1990；Foss，1993，1996；Teece，1997；等等）提出，作为一个特殊的"能力的独特集合体"，企业主要通过其动态能力抑或核心能力获取保持长期持续的竞争优势。其次，企业知识理论学者（Kogut 和 Zander，1992，1996；Spender，1996）研究提出，企业作为一个"知识的独特的集合体"，企业获取长期竞争优势的来源则是蕴藏在组织层次的集体知识或社会知识。Barney（1991）将企业资源定义为："依据经典战略分析的语言来说，企业资源就是企业在发展其战略时可利用的一切力量。"根据传统的分类方法，Barney（1991）将企业资源分为三类，即物质资本资源（Physical Capital Resource）、人力资本资源（Human Capital Resource）和组织资本资源（Organizational Capital Resource）。而物质资本资源囊括企业所使用的材料技术、设备和厂房、地理位置等；人力资本资源包含了管理人员以及企业员工的判断、经验、培训、智力以及洞察力；组织资本资源不仅包括企业的正式和非正式的规划、正式总结结构、控制及协调系统，而且还包括企业内部群体之间以及企业与其外部环境群体间的联系。为了拥有长久的、持续不断的竞争优势，企业所获得的资源必须具备以下三个方面的条件：资源对企业的组织战略发展具有积极价值，对于目前外部竞争对手来说是特殊稀缺的或者是不可获得的、不易模仿的和不可替代的（Barney，1991）。

2.1.2 企业的重要资源——人力资源

以往资源基础论过多地把组织竞争优势关注于"物","人"的作用被忽视。然而,人力资源在企业中所发挥的组织协调作用是不能忽视的。随着近几十年的发展,国内外对人力资源的关注程度越来越高,进而促使人力资源管理理论逐渐完善,持资源基础观的专家及学者逐渐开始重视人力资源方面的研究。许多学者(Barney 和 Wright,1998;Schuler 和 MacMillan,1984;Ulrich,1991;Wright 等,1992;等等)就企业人力资源是否担当组织获取竞争优势源泉进行了争论,其中尤以 Wright 等(1992)的论证最为深入。张正堂、李爽(2005)认为,仅仅具备人力资源是远远不够的,只有在企业中开展适合企业发展战略的人力资源管理活动才能为企业提供可持续的竞争优势。下面,本书将企业人力资源与以上四个特征标准相对应,进行一一探讨。

2.1.2.1 正向价值性

从现实意义上来说,人力资源管理通过对人进行切实高效的管理,从而改善员工的态度以及行为,提升生产效率,从而提高组织战略绩效。例如,通过对企业员工进行先进技术以及管理工具方面的培训,使员工掌握先进技术及管理方法,进而使产品质量得到提高以及管理状况得到改善。EAP 等服务项目为员工解决心理问题,协调员工间的工作关系,可增加员工的工作投入,从而促进企业的高效率和创新能力。从以上论述可以很好地理解为什么两个具有同样人力资源的公司,只因人力资源管理不同,而造成竞争优势的差异。实际上,企业对员工需求的差异性与劳动力实际所拥有技能的差异性所对应,而且物质资源到底能够发挥多大程度的作用最终取决于使用它的人。

2.1.2.2 稀缺性

高艳（2000）提出，稀缺性是人力资源特有的特性。而人力资源的稀缺性又可以分成两大类：一类是人力资源的显性稀缺性，另一类是隐性稀缺性。显性稀缺的人力资源状态是指一段特定时期内劳动力市场上具备某一特性或特质的人才数量的绝对性短缺；隐性稀缺的人力资源状态是指人力资源某种特性呈现非正态分布状态，稀缺价值不能用市场标准来测量。张世堂、李爽（2005）提出，从某些方面来看，这两种稀缺仅为表面特点，两者均可通过人力资源管理使其降低。但是，这种能使稀缺性降低的、有效的人力资源管理实践活动明显稀缺。此外，优秀的人才总是稀缺的。根据人力资源分布符合正态分布假设理论，企业所迫切希望拥有的优秀人才总是少数的。所以，企业通过一定方式吸引与选拔到合适的员工显得尤为重要。

2.1.2.3 不可模仿性

根据 Becker 和 Gerhart（1996）观点，HRM 系统很难被复制模仿。主要理由包括两个方面：第一，目前很难利用确实有效的机制来分析由人力资源管理活动与政策相互影响而产生的实际价值。不了解人力资源管理系统的具体运作形式，就不能有效地学习、利用，即使被其他公司雇用了竞争者的高级主管，也是难以模仿的，因为这个系统的实际运作体现在很多人身上，不是一个人所能决定的。第二，这些人力资源系统的运作与其他的政策与实务是相互依存的，因此无法复制。企业条件的独特性（Unique Historical Conditions）、企业竞争优势的因果关系的模糊性（Causal Ambiguity）以及社会关系的复杂性（Social Complexity）综合作用下造成了人力资源系统的不可模仿性。

2.1.2.4 不可替代性

由于高素质员工的数量是有限的，由高素质员工所带来的长期竞争优势是很难获得的。因此，人力资源在塑造企业竞争优势方面的作用是不可取代的。此外，每个组织所特有的人力资源管理模式同样难以取代。有很多学者尽管已经总结出许多优秀的管理模式，但通用的模式是不存在的。

对企业内部资源越来越高的关注度，使资源基础理论愈加广泛地应用于战略性人力管理领域。例如，Schuler 和 MacMillan（1984）通过分析总结一些企业人力资源管理的实例从而得出竞争优势可以通过组织人力资源、管理的实际措施获得的结论。而 Wright 等（1994）认为，只有人力资源本身才是保持组织竞争优势的源泉，而不是所实施的人力资源管理措施，如引进人才、考核选拔等。另外，有研究者认为，人力资源与战略的结合作用及其对组织效率的影响，并没有所谓的"最佳的战略"，只要运用与组织相适应的战略，就会促使组织成功（Wright、Smart 和 McMahan，1995）。从长远来看，在促使组织成功的各种企业资源中，人力资源的作用最显著（Welbourne 和 Wright，1997）。

2.1.3 企业能力理论

企业能力理论（Competency-based Perspective）是由资源学派发展而来的观点。它认为能给企业带来持续竞争力的资源和能力还包括企业文化、企业信誉及形象、企业活动程序、无形及有形资产、知识技能、培训等（Barney，1986；Nelson 和 Winter，1982），只要它们是独特的，很难在不同企业间转移或者被替代，就能成为企业长期竞争优势的源泉。由于企业能力的作用发挥直接受人力资源设计的影响，运用提高企业能力的有效的人力资源管理措施（Competency-enhancing HR System），就能促进企业长期竞争优势的形成（Lado 和 Wilson，1994；Huselid，1995）。

2.2 人力资本理论

2.2.1 早期人力资本理论

西方是人力资本理论的发源地,新古典学派、"庸俗"经济学和古典政治经济学的理论是最早的关于人力资源的相关理论。早先的经济学家认为劳动是制造价值的源泉,劳动能力的获得需要后天有目的的培养,然而他们坚持认为只有工资是劳动的报酬,而利润才是资本的报酬。随着研究的进一步发展,这些经济学家开始承认人力资本投资对于企业利润的获取具有重要作用,但是却拒绝利用该方法做计算或者为某种目的而计算。尽管如此,这些经济学家承认了人力资本的重要作用这为后来的人力资本理论研究奠定了基础。

2.2.2 现代人力资本理论

第二次世界大战后,德国和日本从战争的阴霾中走出并迅速崛起,丹麦、瑞士、新加坡、韩国等资源缺乏的国家成为世界经济的新星,然而作为世界最大经济体的美国,其生产要素投入增长率远低于产出增长率……所有的"现代经济增长速度之谜"已不能从传统的经济学理论角度完美解释。在此背景下,许多经济学家开始研究现代人力资本理论。

现代人力资本理论的奠基人是美国经济学家舒尔茨和贝克尔。在1960

年举行的美国经济年会上,经济学家加里·贝克尔发表了题为"人力资本投资"的演讲,标志着现代人力资本理论体系的开始。同时,贝克尔在《人力资本》一书中,详尽地阐述分析了人力资源理论,尤其在微观层面对人力资源进行了分析,这也进一步引发了人力投资革命。

此外,经济学家舒尔茨在费希尔的"完全资本"概念的基础上,将组织所拥有的资本划分为三类:人力资本、组织资本及常规资本(物质资本)。同时,舒尔茨提出人力资本可用于解释以下三个事实:①人力资本、物质资本和收入三者中,前者要快于后两者,故而资本—收入的比率明显下降;②收入与产出之间的增长速率之间的差异,其中一部分是由于规模效益,另一部分则是由技术进步所造成的结果;③第二次世界大战后工人工资的增长主要是由于人力资本的增长。舒尔茨研究并详细说明了人力资本的定义以及性质、人力资本投资的内容和途径、关键作用等方面。他明确指出,在考察分析促进经济增长的各个因素时,不仅要看数量问题,而且还要看要素的质量;从经济角度看,人力资本往往具有很高的收益率,因此决定经济增长的主要因素是人力;对发展中国家来说,若要实现经济的飞速发展,关键不在于物质积累,而在于人的技能提升。

2.2.3 当代人力资本理论

1956年,索洛(R. W. Solow)发表了题为《对经济增长理论的贡献》的文章。该文章发表之后,许多经济学家开始了对增长理论的研究,其中以罗默和卢卡斯为代表的经济增长理论学家,通过建立关于经济增长的以人力资本为内生经济变量的数学模型,揭示了人力资本与经济发展两者间的内在联系,将人力资本理论向着更深的层次和更新的高度发展。

罗默首次提出了新的增长理论。他通过建立、分析知识溢出模型,借以阐明经济发展所需要的所谓的正外部经济技术效果主要是因为知识资本的积累,认为具有特定规模的知识溢出效应可有效减缓资本边际效益递减规律所造成的负面冲击,进而确保人力知识方面的投入所能获得的社会收益率保持稳定,甚至可以出现增长的趋势。并且他还强调人力知识积累尤其是专业化知识积累才是现代经济稳定增长的真正源泉。专业化知识的稀缺性和不可替代性可促使内在经济效应的形成,表现为拥有特殊生产要素的厂商能够获得长期垄断利润,利润的垄断可为企业提供发展所需要的资金保证,进而推动技术进步和生产效率的提高,并最终促进国家经济增长。

1988年,卢卡斯(R. Lucas)发表了一篇名为《论经济发展的机制》的文章,提出了一种新的经济增长模型,该模型以人力资本作为独立因素来进行分析,并与索洛增长模型及舒尔茨的人力资本理论相结合。他指出,促进经济增长的真正动力是通过各种形式的学校教育培训及"干中学"的实践活动所获得的。

Youndt等(1996)认为,企业员工能够产生巨大的经济效益,他们自身所拥有的专业知识和职业技能能够转换成为经济效益。与此同时,企业的HRM活动所能带来的价值收益与企业对人力资源的投入成本成正比。而且,人力资本拥有与物质资本及其他资本所不具备的显著特征,这些特征确保了人力资源可通过拥有人力资本优势进而使其成为企业的战略资产:第一,因为相对个人来说,人力资本在很多方面存在不可控的局限性,如时间、寿命等;此外,人力资本与个人能力(如知识、技能等)息息相关,存在不可完全让渡性,因此具有稀缺性。第二,人力资本的优势在于人力资本的价值性,其中一方面体现在人力资本的递增性;另一方面是人力资本的投入与回报收益存在多重性,即人力资本的收益不仅包括货币收益,还包括心理收益等多个方面。第三,人是世界上最复杂的动物。

所以人力资本具有复杂可变性、层次性等特点，关于人力资本的投资与收益则存在投资不可逆性及难以测量性等特点。这些特征伴随人力资本在企业长时间的使用和不断改进逐渐发展而形成的，造成企业的人力资本很难模仿与替代。第四，企业员工是人力资本的主要依附者，这一特点使企业的人力资本存在移动障碍。为了最大化企业人力资本，企业应将人看作最重要的资本，并通过对员工的培训、激励等方式加大人力资本投资。

人力资本是依附于"人"、可作为未来收入的一种资本，包括与企业发展战略相符合的知识和技能等。在知识经济时代，与物质资本相比，人力资本已成为最主要的生产要素。人力资本是指劳动者为了获得所需求的报酬而具备的专业知识与技能，是可以通过人力资源投入带来财务增值的资本方式。

把人作为活的资源来加以开发与利用是人力资源管理的核心。因此，企业的成功与否越来越由组织、管理人力资本的能力所决定。对于企业来说，人力资本是具有价值的劳动者所具备的知识、能力和技巧的统称。虽然在公司的资产负债表上没有体现，但对于企业的效益来说，人力资本却是一个起关键作用的因素。企业的人力资本可定义为劳动者、供货商、发包商以及其他与企业有关的解决客户问题的能力。人力资本所包括的范围广泛，如共同的经验、员工技巧以及所有人的总的技术诀窍。

由于人力资本无形且无从捉摸，并且不为组织所有，而为员工个人所有，因此，如何对人力资本进行管理和开发已成为资源管理者面临的极大挑战。

我国自改革开放以来，越来越重视人力资本的作用，历届领导人都应用人力资本理论对我国的经济发展做出了战略性调整。邓小平提出"科学技术是第一生产力"，并明确指出"科学技术是第一生产力，科技人员就是企业所拥有的劳动者"。这也引发了人们对科学技术发展的重视。党的十八大以来，在习近平的领导下，我国更加重视人力资本的培育和建设。在未来的发展中，中国将进一步应用人力资本理论知识，将人力资本作为推动经济发展的重要因素。

2.3 代理理论/交易成本理论

组织经济学包括两个非常重要的理论，即代理理论/交易成本理论（Agency Theory/Transaction Cost Theory），常用来处理解决具有战略性意义的人力资源管理领域的问题。以经济学为基础的这两个理论是以契约（Contract）为核心，主要探讨在企业内部或外部市场进行交易的成本比较，以及契约双方合同的效率问题。基于人性的"有限理性"（Bounded Rationality）和机会主义（Opportunism）两个假设，在一定的外部环境条件下（环境不确定以及少数交易关系），就会发生交易成本和代理成本的问题。随着对外交易成本越来越高，因此交易简化为进行企业内部行为就会成为一种新的趋势；因此，毫无疑问控制成为两个理论需要共同研究的最核心问题。

1937年，美国芝加哥大学罗纳德·科斯教授在《企业的性质》一书中创造性地提出了"交易费用"的概念，它所表达的就是交易成本的内容。

1960年，科斯发表了著名的《社会成本问题》，对交易成本做了进一步阐述，并将其界定为为获取精确的市场信息企业需要支付的费用及谈判和日常契约费用，并对所包括的内容做了更加详细的界定。实际上，交易成本即我们常说的"扯皮成本"。

虽然科斯创造性地提出了交易成本概念，但他并未进行更进一步的深入研究，威廉姆森等在科斯的基础上研究发展出了完整的交易成本理论。20世纪七八十年代威廉姆森的主要贡献包括：对交易成本的具体内容和表现形式进行了研究；并提出了资源专用性的理论假设前提；建立了现代企业理论的雏形。其中，威廉姆森对交易成本的发生和具体的内容做出了更加深入的详细说明。他指出，经济系统之所以能够正常维持运行主要是因为存在各种形式的"交易活动"，这些交易活动维系了经济系统的正常运行。而为了使"交易活动"能够有效、健康地进行，交易双方就要达成各种形式的契约关系；为了使契约关系能够建立和实施，就必然会发生各种活动、产生各种费用等，因此，这一切构成了交易成本的主要内容。

威廉姆森继承科斯的观点，进而提出了"契约人"这一假设命题，"契约人"的假设与"经济人"的假设主要存在以下两点不同：其一，"经济人"假设的出发点认为个人的行为是完全理性化的，而"契约人"假设却认为人们对信息的了解和处理的能力有限，因而人的行为属性是有限理性的，并且都是"本身利益的追求者"（Self-interest Seeking），都有一种相同的倾向：当个人的利益受到侵害时，自我约束力和诚实将失效，这种属性被称为"机会主义"。其二，"经济人"假设的基础为传统的企业制度，即所有权和经营权相结合，经营者追求的利益与所有者追求的利益是一致的。而"契约人"假设的前提是现代企业制度，即经营权与所有权相分离，这就意味着代理人与所有者的利益可能会不一致，代理人可能从自身利益出发做出损人利己的行为，从而使所有者和社会的利益受到损害。威廉姆森认为，人的行为具备的有限理性及机会主义特性使一切合作及协议都存在不稳定性，合同都不可能完备，承诺不可能全部可信。

1972年，在科斯提出的理论的基础上，德姆塞茨和阿尔曼·阿尔钦共同提出了企业产权结构理论。该理论认为，企业存在的理由是节省整个过程的交易成本。企业与代理人之间是一种委托—代理关系，这种关系的特点是协作性。然而，代理人是有限理性的，并且他们有可能会受到机会主义倾向的影响，所以有时候代理人的目标与委托人的利益相冲突；此外，偷懒和"搭便车"的潜在意图存在于企业中的每个人，人们都希望他人付出更多劳动。要解决此类问题，只有形成一种有效的监督、激励机制，使某些人成为专门监督其他要素工作绩效的监工，而对于监工则提供一定程度的激励，例如使他们拥有某种剩余索取权，从而使其有动力去监督其他人员。如此发展下去，便能使企业的生产效率得到提高。企业人力资源管理实践的设计，如评估员工的实际贡献以及将其与奖励挂起钩来等措施，就是帮助组织将员工行为与组织目标的实现更好地协调起来（Jones 和 Hill，1988）。

交易成本理论的另一个非常重要的特点是资产专用性。基于此，威廉姆森认为，资产专用性即是资产在没有任何价值损失的前提下可以在不同投资用途上自由转换的能力，不同资产专用性及交易成本与交易活动的组织活动的形式密切相关。因此，他将资产专用性分为以下四种形式：地理位置专用性、物质材料专用性、人力资本专用性以及特殊资产。其中，人力资本的专用性如知识、经验、组织能力等，有利于就业合同的形成，因此厂商为降低交易成本，更愿意雇用具有专门能力的员工，而不是临时聘用。

20世纪70年代后期至80年代，西方一些国家相继出现"滞胀"现象，新一轮的经济衰退开始。各国公司开始重视风险控制，缩小公司规模，并思考公司治理问题。随着所有权与经营权分离的现象出现，委托—代理关系应运而生。同时，代理问题也随着委托—代理关系的产生而出现。由于委托人和代理人之间的利益不同以及信息不对称等问题，双方目标不尽一致，代理人损害委托人利益的情况时有发生。因此，代理问题也会产生代理成本。在此背景下，1976年Jensen等出版的《企业理论：管理行为、代理成本与所有权结构》一书构建了委托—代理理论分析公司治理过程中存在的问题的基本框架。

人力资源问题与代理成本问题更加相关,如企业薪酬体系的制定,体现了风险—奖励(Risk-Reward)之间平衡的观点(Eisenhardt,1988)。现代企业多采用激励合约来减少代理人偷懒、内部交易等行为。为了使代理人与委托人的目标尽量一致,常采取年薪、奖金、股权、股票期权等激励合约方式。工作性质会随着组织战略的改变而发生变化,由此相应的HRM措施也要进行相应的调整,从而对员工劳动投入、工作效率及结果实施有效监控,即组织的战略性HRM过程。

2.4 资源依赖理论

与战略管理资源学派观点不同的是,资源依赖理论(Resource Dependence Theory)关注的焦点主要是企业内部或企业之间的权利关系(Pfeffer和Salancik,1978)。它同样假设企业的经营发展依赖各种有价值的资源,如资金、技术和技能等,但各个企业获得所需资源的能力不尽相同,这种能力本身对于个人或群体权利来说就是一种重要资源(Pfeffer,1981)。资源依赖理论不仅强调"组织需要适应环境",而且需要"组织企图积极地去面对环境变化,并且按照有利于自己的方式来控制环境,而不是作为环境力量的被动接受者"。其基本理论假设包括:①没有任何一个组织可以说是自给自足的,企业内部无法生产本身所需要的所有资源。②组织为了生存与发展必须从环境中的其他组织来获取必需的资源,组织对环境的依赖程度取决于资源的稀缺性和重要性。③组织无法孤立于外部组织而独立地运转,必须与外部环境发生作用,必须与那些拥有资源的行动者进行相互交换,组织的生存机会取决于这种交往和谈判的能力。组织可以通过采取许多措施来解决问题。如可与其他组织组成联盟而形成相互依赖关系，也可以通过组织战略活动来控制和改变外部环境等。

由于宝贵资源的价值稀缺性越来越明显，掌握该资源的相应权利需求也就越大。企业内部各项职能政策的制定最终取决于各种相关利益的权利关系。例如，这种权利关系影响着企业的薪酬决策，反映为对稀缺资源控制者的报酬水平的考虑或者是以对稀缺资源的控制程度而不是实际工作业绩而进行的绩效评估。同样，由于组织的生存和发展总是依赖或受制于掌握关键资源的其他组织，尽量减少由这种依赖产生的确定性、增强组织的自主性就成了组织管理过程的重要考虑。

与战略管理机械的理性分析存在明显差异，资源依赖理论更加强调企业生存环境中的某些政治因素，认为它是企业发展决策中不可不考虑的现实存在。例如，Smith-Cook 和 Ferris（1986）通过对三个不景气产业中高绩效企业和低绩效企业的对比及综合性实证研究发现，虽然通常认为选拔和培训对确保组织战略实现所必需的人力资源是同等重要的，当组织经营出现滑坡考虑削减职能预算时，管理者则往往首先削减培训费用而不是减少人员选拔方面的支出。对于企业来讲，如果选拔与培训不存在效果方面的实质性差异，那么管理者感知的二者在吸引与发展员工方面存在的效能差异就是上述行为的一个解释。

无论如何，企业战略性人力资源管理的核心是通过企业拥有的人力资源提高竞争优势，而当企业意识到真正优秀的人力资源是十分重要的和稀缺的，并且意识到提高人力资源职能权利基础的重要作用时，才可能实现人力资源与战略的配合，并以此来提升企业的综合竞争力。

本章参考文献

［1］Barney J. B., Wright P. M. On Becoming A Strategic Partner: The Role of Human Resources in Gaining Competitive Advantage ［J］. Human Resources Management, 1998, 37（1）: 31-46.

［2］Barney J. B. Organizational Culture: Can it be a Source of Sustained Competitive Advantage? ［J］. Academy of Management Review, 1986, 11（3）: 656-665.

［3］Barney J. Firm Resources and Sustained Competitive Advantage ［J］. Journal of Management, 1991, 17（1）: 99-120.

［4］Becker B., Gerhart B. The Impact of Human Resource Management on Organizational Performance: Progress and Prospects ［J］. Academy of Management Journal, 1996, 39（4）: 779-801.

［5］Cook D. S., Ferris G. R. Strategic Human Resource Management and Firm Effectiveness in Industries Experiencing Decline ［J］. Human Resource Management, 1986, 25（3）: 441-457.

［6］Eisenhardt K. M. Agencyand Institutionaltheory Explanations: The Case of Retail Sales Compensation ［J］. Academy of Management Journal, 1988, 31（3）: 488-511.

［7］Foss N. J. Knowledge-based Approaches to the Theory of the Firm: Some Critical Comments ［J］. Organization Science, 1996, 7（5）: 470-476.

［8］Foss N. J. Theories of the Firm: Contractual and Competence Perspectives ［J］. Journal of Evolutionary Economics, 1993, 3（2）: 127-144.

［9］Hamel G., Prahalad, C. K. The Core Competence of the Corporation

[J]. Harvard Business Review, 1990, 68 (3): 79-91.

[10] Huselid M. A. The Impact of Human Resource Management Practices on Turnover, Productivity, and Corporate Financial Performance [J]. Academy of Management Journal, 1995, 38 (3): 635-672.

[11] Kogut B., Zander U. Knowledge of the Firm, Combinative Capabilities, and the Replication of Technology [J]. Organization Science, 1992, 3 (3): 383-397.

[12] Kogut B., Zander U. What Firms Do? Coordination, Identity, and Learning [J]. Organization Science, 1996, 7 (5): 502-518.

[13] Lado A. A., Wilson M. C. Human Resource Systems and Sustained Competitive Advantage: A Competency-based Perspective [J]. Academy of Management Review, 1994, 19 (4): 699-727.

[14] Nelson R. R., Winter S. G. The Schumpeterian Tradeoff Revisited [J]. The American Economic Review, 1982, 72 (1): 114-132.

[15] Penrose, E. T. The Theory of the Growth of the Firm [M]. New York: John Wiley, 1959.

[16] Pfeffer J., Pfeffer J. Power in Organizations, Marshfield, MA: Pitman. Salancik G. R., Pfeffer J. A. Social Information Processing Approach to Job Attitudes and Task Design [J]. Administrative Science Quarterly, 1978: 224-253.

[17] Schuler R. S., MacMillan I. C. Gaining Competitive Advantage through Human Resource Management Practices [J]. Human Resource Management, 1984, 23 (3): 241-255.

[18] Spender J. C. Making Knowledge the Basis of a Dynamic Theory of the Firm [J]. Strategic Management Journal, 1996, 17 (S2): 45-62.

[19] Teece D. J., Pisano G., Shuen A. Dynamic Capabilities and Strategic

Management [J]. Strategic Management Journal, 1997, 18 (7): 509-533.

[20] Ulrich D. Using Human Resources for Competitive Advantage//Kilmann R., Kilmann I. and Associates (eds.), Making Organizations Competitive, San Francisco: Jossey-Bass, 1991.

[21] Welbourne T. M. Wright P. M. Which Resources Matter in Initial Public Offering Firms? A Longitudinal Comparison of Five Resources' Contributions to Firm Performance [J]. CAHRS Working Paper Series, 1997: 144.

[22] Wright P. M., McMahan G. C., McWilliams A. Human Resources and Sustained Competitive Advantage: A Resource-based Perspective [J]. International Journal of Human Resource Management, 1994, 5 (2): 301-326.

[23] Wright P. M., McMahan G. C. Theoretical Perspectives for Strategic Human Resource Management [J]. Journal of Management, 1992, 18 (2): 295-320.

[24] Wright P. M., Smart D. L., McMahan G. C. Matches between Human Resources and Strategy among NCAA Basketball Teams [J]. Academy of Management Journal, 1995, 38 (4): 1052-1074.

[25] Youndt M. A., Snell S. A., Dean Jr. J. W., et al. Human Resource Management, Manufacturing Strategy, and Firm Performance [J]. Academy of Management Journal, 1996, 39 (4): 836-866.

[26] 高艳. 战略性人力资源管理 [J]. 中国人力资源开发, 2000 (11): 18-19.

[27] 张正堂, 李爽. 企业持续竞争优势来源: 人力资源还是人力资源管理 [J]. 科学管理研究, 2005, 23 (4): 102-105.

3

人力资源管理强度的研究综述、评析与展望

3 | 人力资源管理强度的研究综述、评析与展望

"人力资源管理强度"作为 HRM 领域的重要概念,不仅重视 HRM 的各项具体措施本身,而且还强调这些措施的具体实施过程。本章在文献研究的基础上,对人力资源管理强度概念的形成与内涵、维度划分、特征与测量以及相关实证研究等方面进行综述,并且在此基础上指出目前研究的不足。基于此,本章对 HRM 强度的未来研究方向提出了建议,未来的研究可以对 HRM 强度的前因以及 HRM 强度对企业以及员工的作用结果进行深入探讨;最后指出,可以基于中国情境,开发能全面概括"人力资源管理强度"内容的量表,为进一步开展实证研究奠定基础。

在管理领域,企业如何进行管理实践以及管理实践对企业最终绩效是否产生影响以及影响多大一直是理论界和实践认识关注的问题。近年来,"以人为本""和谐管理"等经营理念在我国得到大力推崇,HRM 的具体实践措施也日益受到企业的重视。金融危机后经济结构的转型以及劳动力市场的转移,使越来越多的企业认识到了 HRM 实践措施的重要性,迫切期望能够通过有效的 HRM 措施来提高员工的工作态度和工作积极性,激发员工潜在的工作能力,从而最终提升组织的竞争力。

但是,很多企业面临这样的一个问题,企业在形成和完善人力资源管理体系上投入很多时间和精力,但是却没有因此而提高企业的竞争力,原因是员工不了解这些具体措施或者实施不到位。在我国,这种现象并不罕

见。我国国内部分企业的选聘流程科学合理,薪酬福利制度吸引力大,对员工有着清晰的晋升路线和培养计划,企业文化符合企业战略,但诸如此类的制度安排员工并不了解,所以它们往往仅存在于内部文件或者网站上,员工不了解这些制度措施所以得不到激励,与组织发展目标相符的员工工作态度和行为更是微乎其微。所以,企业拥有完善系统的人力资源管理措施是企业有效提升竞争力的前提,在此基础上的具体实施过程也至关重要。如果员工能够清晰地接收并理解与组织一致的、有效的 HRM 信息,他们就能在工作中最大限度地发挥自己的潜在能力,使员工作用最大化,从而提高整个组织的绩效。

为此,学者博文和史洛夫在 2004 年提出了人力资源管理强度(Strength of HRM)的概念,该概念关注的是企业在重视 HRM 措施的同时,还应该重视 HRM 各项措施的实施过程。企业想提高 HRM 实践措施的质量,仅关注其内容选择是远远不够的,还应该通过有效的 HRM 过程来保证这些具体的措施能够有效地执行。事实上,员工能够有效地感知、认可 HRM 措施的相关信息和内容,并且能够据此在企业内部形成共同的信念是 HRM 在企业最终成功的重要标志(Bowen 和 Ostroff,2004;Delmotte 等,2012)。

然而,人力资源管理强度的概念在学术界尚为新颖,关于这一 HRM 领域重要概念的理论和实证研究目前仍然相对匮乏。因此,本书通过梳理国外人力资源管理强度的研究进展,从概念形成、基本特征、测量和相关实证研究等几个方面进行系统梳理,以期引起国内学术界和实践界对该问题的关注,为国内学者开展中国情境下的相关研究提供参考并为企业的 HRM 发展提供理论指导和建议。

3.1 人力资源管理强度概念的形成和内涵

近年来,学者对如何通过有效的 HRM 来提高企业绩效,即如何提高企业的 HRM 质量进行了许多探讨,以往研究将 HRM 视为一个整体的系统,将焦点放在组织为达到组织目标所运用的多种 HRM 措施以及如何组合这些实践措施来实现协同效应从而提升企业绩效(Martin‐Alcazar 等,2008)。例如,战略 HRM 的普适观(Universalism)认为,存在一套对所有组织都普遍适用的 HRM 措施,如奖励性的薪酬福利体系、对员工的培训与开发、员工的参与型管理等。这些"最佳 HRM 实践措施"("best" HRM Practices)被认为对所有企业都有益处。后来有学者在此思路上陆续提出了高绩效工作体系(HPWS)(Huselid,1995)、合作与创新性(Cooperative and Innovative)的人力资源管理体系(Ichniowski 等,1997)等,此外,还包括 Pfeffer 于 1994 年提出的 16 项 HRM 实践。在构型理论(Configuration Theory)视角下,企业的 HRM 实践是彼此关联,共同存在而发生作用的,构型理论指出创造企业持续竞争优势的是整个人力资源管理系统,而不是其中的某个单独的 HRM 实践。与普适观不同的权变观点认为,组织战略作为一种内部环境,很大程度上影响了 HRM 实践与企业绩效之间的关系(Miles 和 Snow,1994;Wright 和 Snell,1991)。权变观点下企业战略有其独特性,这种独特性需要企业员工独特的知识、技能和能力。所以,为了实现企业战略,企业的 HRM 系统下的具体 HRM 措施就应该与之相适应,开发出了员工与组织战略相匹配的知识、技能和能力,也激发出员工自身与组织目标一致的工作动机（Cappelli 和 Singh，1992）。

上述两种战略性 HRM 的观点主要围绕 HRM 实践体系，在此基础上的相关实证研究也证实了 HRM 体系内容与企业绩效（包括生产率、效率、员工流动率以及公司财务指标）、员工行为和员工绩效之间的关系。普适观认为，企业只要采取了这些 HRM 措施，就可以显著提高组织绩效和组织的竞争能力（Barney，1991；Wright 和 Boswell，2002；Gong 等，2010）。而权变观融入了组织的具体战略目标和战略实行，探讨企业战略对 HRM 体系运行的影响（Youndt 等，1996；Huselid，1993）。然而，这些"最佳人力资源实践"是否对任何企业都能有积极的作用？这些战略性 HRM 对企业的积极效果怎样评估呢？

在对现有文献进行梳理的过程中笔者发现：以上这些战略性 HRM 的观点及其相关研究相对忽略 HRM 措施的实施过程，仅将目光锁定在 HRM 措施的具体内容上，没有考虑到这些内容在组织中是如何实施，以及实施效果如何。而在以往对 HRM 实践的衡量上，学术界一直关注 HRM 政策、制度、措施等内容方面的选择，而对 HRM 的实施过程研究较少（Bowen 和 Ostroff，2004）。HRM 措施对组织的 HRM 系统来说十分关键，但是这些 HRM 措施能够被员工理解和认可却是真正对组织起作用的关键。

"人力资源管理强度"这一概念强调了员工在组织 HRM 过程中的作用，指出企业可以创造一个让员工充分参与、信任和认可的环境，企业可以通过 HR 部门、直线经理及各种其他措施来创造这种环境，从而使 HRM 措施能够在该环境中有效运行，使员工的工作态度和行为得到改善、企业绩效得到提升。社会认知理论（Social Cognitive Theory）认为，企业环境能够通过影响个体的认知来影响个体的行为和信念，所以从社会认知理论出发，HRM 措施能够通过影响员工对 HRM 措施的感知来影响员工个体的行为和态度（Bandura，1986）。即便人力资源管理措施的各项内容非常完善和理想,由于个体思维和理解的差异,每一个个体对人力资源管理措施的理解是不同的,所以员工个体对组织的 HRM 措施的感知都有所不同(Guzzo 和 Noonan,1994),也就不能确保所有员工都能够完全理解和认同组织的 HRM 措施和 HRM 信息。然而,整个企业的 HRM 质量的提升关键在于员工是否能够有效感知和认可相关信息,HRM 传递的信息越精确有效、员工对此的认同感越强,所以人力资源管理强度也越高。进一步地,高强度的 HRM 能够帮助员工理解认可 HRM 措施,从而实现员工目标和组织目标的一致。只有员工真正接收理解并认同组织的战略发展目标,才能集中智力、态度和意愿服务于组织赋予员工的工作,从而提高企业的绩效表现。

3.2 人力资源管理强度的维度划分、特征与测量

3.2.1 人力资源管理强度的维度划分及特征

企业只需构建完善的 HRM 体系,就能够有效提高组织绩效、最终树立起组织的核心竞争力吗?倘若企业建立了一套完善的人力资源管理体系,包括招聘筛选、员工培训、绩效考核等,但基层员工并不理解这些措施的制定与实施过程,更看不到这些措施与个人目标和组织目标的关联。换言之,员工不理解和接受人力资源管理措施,又如何才能激发其工作积极性和主动性从而提升个体绩效呢?仅关注人力资源管理内容(Content)——实现特定目标的政策与实践——是远远不够的,倘若缺乏有效执行,再完善科学

的人力资源管理措施也难以达到预期的实施效果。措施制定与实施过程都值得关注，这就是人力资源管理强度（Strength of HRM）概念的要义。

HRM强度概念最早由博文（Bowen）和史洛夫（Shroff）提出，关注强调HRM体系的实施过程（Process），即指人力资源系统的哪些属性能够创设强情景（Strong Situations），即该情景能够促使个体共享相同的认知模式和期望的行为模式，并且提供充足的激励和必需的技能以促使个体实现期望的绩效，向员工有效传递组织期望并使其形成对人力资源管理措施的共同感知。HRM实践从另一方面可看作管理者对员工的沟通过程，而HRM强度则可视为人力资源系统向员工传递构建强情景信息的有效性程度。同时，人力资源管理强度识别了一系列人力资源管理过程的特性，这些特性有利于向所有员工传递关于组织人力资源管理措施的有效信息，从而使员工清楚明了组织的重要战略目标以及期望和奖励的员工行为。

根据博文和史洛夫关于HRM强度的研究，可以看到HRM强度有三个维度：独特性（Distinctiveness）、一致性（Consistency）和共识性（Consensus）。

独特性指人力资源措施能够引起员工关注、激发兴趣的突出特点，包括可视性（Visibility）、可理解性（Understandability）、职权的正当性（Legitimacy of Authority）和相关性（Relevance），即人力资源措施可观察性高，且易为员工理解，使员工感知到这些实践措施来源于正当职权且与重要目标高度相关。

一致性指组织的各项人力资源管理措施向员工传递一致的信息，使员工对于组织期望的行为形成一致的归因，包括充分性（Instrumentality）、有效性（Validity）和一致的人力资源管理信息（Consistent HRM Messages）。即较高的一致性，使员工明确人力资源管理措施期望的行为和员工及组织绩效之间清晰的因果关系。换言之，人力资源管理实践活动的效果符合其各项措施所设定的目标,且向员工传递一致的人力资源信息(管理者支持的价值目标和员工感知的价值目标的一致性、人力资源管理内在措施的一致性和长期稳定性)。

共识性是指关于组织的人力资源管理措施员工的一致认知和普遍认同,公平性(Fairness,包括程序公平、分配公平和人际公平)和人力资源管理决策者共识(Agreement Among Principal HRM Decision Makers)均会影响员工的共识达成(见图3-1)。

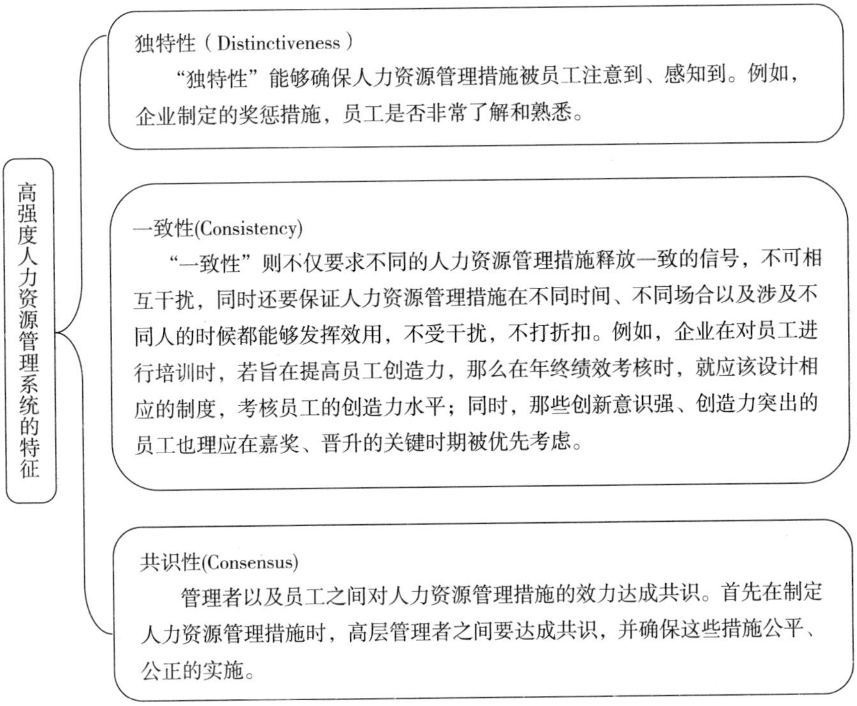

高强度人力资源管理系统的特征

- **独特性(Distinctiveness)**
  "独特性"能够确保人力资源管理措施被员工注意到、感知到。例如,企业制定的奖惩措施,员工是否非常了解和熟悉。

- **一致性(Consistency)**
  "一致性"则不仅要求不同的人力资源管理措施释放一致的信号,不可相互干扰,同时还要保证人力资源管理措施在不同时间、不同场合以及涉及不同人的时候都能够发挥效用,不受干扰,不打折扣。例如,企业在对员工进行培训时,若旨在提高员工创造力,那么在年终绩效考核时,就应该设计相应的制度,考核员工的创造力水平;同时,那些创新意识强、创造力突出的员工也理应在嘉奖、晋升的关键时期被优先考虑。

- **共识性(Consensus)**
  管理者以及员工之间对人力资源管理措施的效力达成共识。首先在制定人力资源管理措施时,高层管理者之间要达成共识,并确保这些措施公平、公正的实施。

图3-1 高强度人力资源管理系统的特征

"人力资源管理强度"第一次将关注点由"企业HRM的内容"扩展到"企业实施HRM的过程",立足于员工视角深入研究人力资源管理体系,同时强调员工对于人力资源管理措施的感知和认同,以促使员工理解接受并使其行为符合组织的期望,从而有助于个人与组织目标的实现。在理论基础上的相关实证研究也证实了 HRM 强度对于员工的工作态度和工作绩效的积极作用。如瑞塔(Rita)等通过结构方程建模证明人力资源管理强度对一般组织绩效和组织创新绩效有很强的正向作用;有学者研析了 HRM 强度对员工的组织承诺也有积极效果;还有学者通过对三家中国五星级酒店的调查数据分析发现,人力资源管理系统的独特性对员工工作满意度、精力和离职倾向均有显著的影响。

3.2.2 人力资源管理强度的测量

目前,学术界对人力资源管理强度的研究还较少。国外学者对 HRM 强度的研究重点仍集中在概念的界定及理论模型的开发上,缺少关于该概念量表开发和测量的系统性研究。测量研究的不足使人力资源管理强度的相关实证研究难以顺利开展,所以如何科学合理地测量人力资源管理强度是当前学术界拓展相关研究的关键。

学者 Chen 最早于 2007 年就开发了人力资源管理强度的量表。该量表通过计算领导和下属关于 HRM 措施的评价差异来衡量人力资源管理强度,两者得分的差值越大,说明该企业的人力资源管理强度越低;反之两者得分的差值越小说明该企业的人力资源管理强度越高。基于上文关于人力资源管理强度维度的探讨,可以发现 Chen 开发的量表只关注了其中一个维度——一致性,而忽略了其他两个维度,所以该量表内容单一,不适合推广使用,但是为后来学者的研究提供了参考。

后来,学者 Frenkel 等(2011)在博文和史洛夫(2004)关于人力资源管理强度概念解释的基础上开发了一个新的量表,该量表包括 10 个题项，包括"公司有很好的 HRM 措施，所以公司很吸引我""公司的 HRM 措施对我个人知识技能和能力的提升非常有帮助""我十分清晰地了解公司的 HRM 政策和制度"等。然而，该量表虽然体现了博文等（2004）对人力资源管理强度的解释，但是题项范围较窄，也不能全面体现概念的维度和特征。例如，在量表开发与内容设计时没有进行完全的题项设计，比较粗糙；另外，探索性因子分析可以用来剔除不良题项，但是该量表在使用之前并没有进行此项工作，所以读者无法判断这 10 个题项是否很好地解释了人力资源管理强度的内涵。

近期，Delmotte 等（2012）在 Bowen 和 Ostroff（2004）的理论内容演绎基础上，依据 Schwab（1980）、Hinkin（1995）和 DeVellis（2003）的量表开发方法，系统、科学地开发了人力资源管理强度量表。在量表开发过程中，Delmotte 等（2012）在问卷调查的基础上，对人力资源管理强度的各维度进行直接操作化，根据每个题项的具体内容设计一系列的测量题项，最后编制出测量工具。工具开发完成后通过发放调查问卷得到调查答卷者对各个题项的得分，最后根据各题项和各维度的最终得分来评估人力资源管理强度。该量表经过专家访谈、探索性因子分析，最后确定了 31 个题项，每个维度对应着相应的题项，其中独特性维度包括 10 个题项，题项包括"HR 部门会定期告知公司员工他们正在进行的项目""我们公司的 HR 部门的职责分明""我们非常赏识我们公司中的 HR 人员""HR 部门能够为组织带来较高的附加价值"，等等；一致性维度下包括 9 个题项，9 个题项中有正向问题和反向问题。代表题项有"在我们公司实施的 HR 措施表面上听着很好，实际上没什么作用""我们公司的 HR 部门不能积极地改善员工的行为""我们公司各种各样的人力资源项目之间缺乏关联性"，等等；共识性维度下包括 12 个题项，题项包括"我们公司的员工认为在组织中的晋升是公平的""如果在公司中表现良好就会得到应有的赏识与奖励""我们的某些员工会因为他们是 HR 部门员工的朋友而得到优待，（反问题）"等。该量表及三个维度分量表的 Cronbach's α 系数都在 0.70 以上（高于临界值 0.60），说明内部一致性高。所以，这 31 个题项最终形成了 Delmotte 等（2012）开发的人力资源管理强度量表的所有内容。该量表内容比之前开发的关于人力资源管理强度的量表内容丰富，包含了博文等（2004）关于人力管理强度内涵的所有内容。

本章参考文献

[1] Bandura A. Social Foundations of Thought and Action: A Social Cognitive Theory [M]. Englewood Cliffs, NJ: Prentice-Hall, Inc., 1986.

[2] Barney J. Firm Resources and Sustained Competitive Advantage [J]. Journal of Management, 1991, 17 (1): 99-120.

[3] Bowen D. E., Ostroff C. Understanding HRM-firm Performance Linkages: The Role of the Strength of the HRM System [J]. Academy of Management Review, 2004, 29 (2): 203-221.

[4] Cappelli P., Singh H. Integrating Strategic Human Resources and Strategic Management [J]. Research Frontiers in Industrial Relations and Human Resources, 1992 (165): 192.

[5] Chen S. J., et al. The Moderation Effect of HR Strength on the Relationship between Employee Commitment and Job Performance [J]. Social Behavior and Personality, 2007, 35 (8): 1121-1138.

[6] Delmotte, et al. Toward an Assessment of Perceived HRM System Strength: Scale Development and Validation [J]. The International Journal of Human Resource Management, 2012, 23 (7): 1481-1506.

[7] Devellis R. F. Scale Development: Theory and Applications [M]. Newbury Park, CA: Sage Publications, 2003.

[8] Frenkel S. J., et al. Management Organizational Justice and Emotional Exhaustion among Chinese Migrant Workers: Evidence from Two Manufacturing Organizations [J]. British Journal of Industrial Relations, 2012, 50 (1): 1467-8543.

[9] Gong Y., et al. High Performance Work System and Collective OCB: A Collective Social Exchange Perspective [J]. Human Resource Management Journal, 2010, 20 (2): 119-137.

[10] Guzzo R. A., Noonan K. A. Human Resource Practices as Communications and the Psychological Contract [J]. Human Resource Management, 1994, 33 (3): 447-462.

[11] Hinkin T. R. A Review of Scale Development Practices in the Study of Organizations [J]. Journal of Management, 1995, 21 (5): 967-988.

[12] Huselid M. A. The Impact of Environmental Volatility on Human Resource Planning and Strategic Human Resource Management [J]. People and Strategy, 1993, 16 (3): 35.

[13] Huselid M. A. The Impact of Human Resource Management Practices on Turnover, Productivity, and Corporate Financial Performance [J]. Academy of Management Journal, 1995, 38 (3): 635-672.

[14] Ichniowski C., et al. The Effects of Human Resource Management Practices on Productivity [J]. American Economic Review, 1997, 87 (3): 291-313.

[15] Martin-Alcazar F., et al. Human Resource Management as a Field of Research [J]. British Journal of Management, 2008, 19 (2): 103-119.

[16] Miles R. E. , Snow C. C. Fit, Failure and the Hall of Fame: How Companies Succeed or Fail [M]. New York: Free Press, 1994.

[17] Pfeffer J. Competitive Advantage Through People: Unleashing the Power of the Workforce [M]. Cambridge City: Harvard Business School Press, 1994.

[18] Schwab D. P. Construct Validity in Organizational Behavior [A] // Staw B. M. and Cummings L. L. (eds.). Research in Organizational Behavior [M]. New York: Wiley, 1980.

[19] Wright P. M. , Snell S. A. Toward an Integrative View of Strategic Human Resource Management [J]. Human Resource Management Review, 1991, 1 (3): 203-225.

[20] Wright P. , Boswell W. Desegregating HRM: A Review and Synthesis of Micro and Macro Human Resource Management Research [J]. Journal of Management, 2002, 28 (3): 247-276.

[21] Yound M., et al. Human Resource Management, Manufacturing Strategy, and Firm Performance [J]. Academy of Management Journal, 1996, 39 (4): 836-866.

4
我国中小企业人力资源管理现状调研

4.1 中小企业的概念

4.1.1 中小企业的定义

中小企业与同行业大型企业相比在各方面都比较小，主要表现在人员数量、资产规模等方面。中小企业一般由单人或少数人提供资金组成，不同国家对于如何界定中小企业有不同的衡量标准。例如，美国规定员工人数不足500人的为中小企业；英国对中小企业有质和量的规定，不同行业的规定还有所差异。而日本对中小企业的划分主要依据从业人员和资本额，例如制造业中的中小企业是指从业人员300人以下或资本额3亿日元以下。

相比之下，我国对于中小企业的衡量标准也随着经济水平的发展不断演进。如附录所示，我国《关于印发中小企业划型标准规定的通知》依据各行各业的实际情况规定了合适的划分依据。新的中小企业划分标准下中小企业的范围进一步得到精确，具体可细分为中型、小型以及微型三类。在新的标准下，中小企业的分类依据为企业从业人员的数量、企业的营业总收入以及企业的资产总额。三个指标只需达到其中一个及以上便可归类为中小企业。相对于之前的中小企业标准，新的规定显示出三个特点：标准向下，并提出微型企业；微型企业中加入个体工商户；行业划分细致，可操作性强。

4.1.2　中小企业的发展环境变化

相对于我国中小企业的发展初期,现阶段中小企业的外部环境已经随着市场经济的深入变化发生了很大的改变。

(1) 文化传统上的农业文明。我国中小企业受传统农耕文明的影响较大,讲究的是三缘,即"亲缘、血缘、地缘",通俗地说,中小企业摆脱不了中国传统式关系的影响,企业主追求家庭式管理风格,不仅追求权力与稳定,也讲究互相关心,对群体极为忠诚。此外,农民文化中的注重个人利益也使传统中小企业员工不稳定,流动性大。

(2) 技术分工不细。我国中小企业大规模现代化程度不高,技术水平远不及大型企业,这要求就是在各个岗位之间有效协调,尽可能全面熟悉企业情况。

(3) 产品市场不稳定。激烈的市场竞争环境促使中小企业调整自身的产品结构,灵活应对市场变化,积极争取稳定的市场份额。

复杂的市场环境决定了我国中小企业在发展的路途上会遇到各种挑战和机遇,然而中小企业在我国经济发展进程中发挥着独一无二的作用,所以中小企业是研究的重点。

4.1.3　中小企业的特点

我国中小企业在发展过程中呈现出自身独特的特点。

(1) 以发展为重点。中小企业的快速发展要求企业结构进行调整和改进,并对以前的单一所有制结构进行改革。如在工业行业中,中小企业中的国有企业仅占15%,目前国有企业改制已经完成了八成,改革工作取得了重大胜利。与此同时，发展工作稳步进行，城乡各类所有制的中小企业都受到了扶持。

（2）"二次创业"的重要性日益突出。严重的两极分化使大企业与小企业之间的就业需求出现了不平衡，小企业的崛起使严重的社会就业问题得到缓冲。但是，随着市场的变化，"卖方"市场变成了"买方"市场，总量需求以及结构性供应都出现了不足现象。

（3）中小企业在地区分布与发展上呈现出不平衡的特点。我国幅员辽阔，优势地区集中在中东部地区。从经济地区带上看，中小企业多集中于中部和东部，西部仅占15%；与此对应的工业总产值，西部仅占8%。

（4）"船小好掉头"，中小企业能够快速适应多变的市场环境。中小企业机制灵活，"小而专"，由此也能灵活地在市场竞争中存活。规模小、资源有限、生产规模不足的中小企业无法与大企业抗衡，其往往会选择那些被忽视的细小市场，在这些细小市场上努力提高产品质量和服务质量，占据了细小市场的竞争优势。

（5）中小企业经营范围广泛，涉及行业齐全，但是成本较高，较难提高经济效益。如今的市场需求多种多样，市场上出现某种小规模的需求时，往往中小企业能够快速转换为生产个性化产品以满足个性化需求。而大企业往往很难快速转变生产经营策略，所以当今追求个性化的消费环境给中小企业提供了市场。例如，在零售业方面，居民日常零星的、多种多样的消费需求可以通过中小企业灵活的服务方式得到满足。

（6）中小企业追求科技创新。小型化、分散化是现代科技的发展方向，这也有利于中小企业的发展。惠普、微软、雅虎等大型科技公司都是从中小企业慢慢发展而来的。

4.1.4 中小企业的重要性

(1) 中小企业的水平在某种程度上决定着一个国家的经济实力和活力。在 OECD 国家中，中小企业占有企业数量的 95% 以上，创造了 55% 的经济收益以及带动了 60%~70% 的就业。改革开放后，我国中小企业数量迅猛上升，中小企业数量一直处于稳定增长状态。到 2013 年末，我国共有超过 4200 万家中小企业，占全国企业总数的 90%，由此带来的经济总量约占六成。以我国经济强省江苏省为例，到 2014 年底，共有中小企业 164 万家，占全省企业总数的 99%，中小企业创造的经济收益占全省 60% 以上；并在此基础上带动了全省的就业，催生了大量的就业岗位；带动了全省的税收，为经济发展提供了充足的动力。

(2) 中小企业作为推动社会经济发展的重要动力，直接和间接地对经济增长发挥着大企业无法替代的作用。许多大型企业发展前都是中小型企业，此外中小企业是大型企业产业链条上的合作伙伴，为大型企业提供相应的生产与服务。中小企业与大企业之间的关系是互补的，两者相互依存彼此依靠。两者的有机结合使行业内一同集中资源增强创新和核心竞争力。

(3) 中小企业是我国改革发展的实践者。在我国改革、开放和社会主义市场经济体制建立过程中，中小企业也起着一定的作用（庄佳林，2011）。首先是改革试点工作，中小企业由于规模较小，其企业改革、改制成本低，操作方便和社会影响小。例如，我国一系列涉及租赁和兼并清盘等方面的改革，大部分是在中小企业中推广实施的。中小企业的改革实践，为我国社会主义市场经济体制的建立提供了丰富的经验；此外，民营性质的中小企业的发展和壮大，使市场中所有制主体更趋多元化，促进了我国国有企业改革和垄断行业的消退，有利于造就一个相对多样化竞争、充满活力的市场经济环境。

（4）我国中小企业大多处于城市边缘以及城乡结合区域，对城乡经济的互补和协调发展起着重要的纽带作用。在新农村建设过程中，中小企业的发展促进了农产品深加工，吸纳了大量农村富余劳动人口，增加了农民收入。从而使我国的农业经济得到发展，区域经济之间的不平衡现象得到缓和，提高了城乡居民的生活水平和质量，促进了城乡市场的繁荣。

（5）我国中小企业也积极促进我国经济结构转型升级。中小企业的所有者和管理者大多数是个人，因此中小企业结构灵活；组织内壁垒较少，沟通及时，因此经营者的创新意识、投资决策能够较快地转化为具体的项目实施计划与行动，新产品能够快速投入市场。尤其是在高新技术风险投资与经营方面，中小企业能够通过风险经营快速地将科研成果转化为生产力，推动着产业升级和技术更新换代。我国各地高新技术开发区运行的实践证明，一部分科技型中小企业在技术创新中具有独特的优势，显示着强大的生命力。

4.2 中小企业的人力资源管理优势及问题

4.2.1 人力资源管理对中小企业的作用

中小企业在兴起初期受到资金和技术的制约，在后来的发展过程中又逐渐受到管理和人才的限制。但是在我国金融体制的改革背景下，中小企业日益拓宽自身的融资渠道,因此资金的制约效应对于中小企业的挑战日益减弱;在技术与管理方面,这两者与人才相辅相成,中小企业在技术水平和管理水平上的提高需要企业的人才来实现,企业人才的培养是为了更好地进行技术创新和管理实践的实施。所以,人才资源在培育过程中存在的问题给中小企业带来了挑战,限制了中小企业的发展。

人力资源管理的首要前提是企业战略的指导,企业 HRM 的发展离不开企业的总战略。HRM 的目的是在对企业内人力资源进行合理配置的前提下,通过运用一系列的手段来开发员工的潜在能力以及调动员工的工作积极性。这一系列的手段包括人力资源规划、工作分析、招聘与选拔、培训与开发、薪酬绩效管理以及员工关系管理等。这些手段和措施促使员工实现自身价值最大化,从而扩大企业的价值,实现组织战略目标。简单来说,HRM 就是企业一系列具体的措施以及相应的管理实践活动。HRM 的前身是人事管理,传统的人事管理随着时代的不断变化,功能日益完善,形成了现代企业 HRM。

与传统的人事管理相比,现代企业 HRM 不再只是充当某个部门单独使用的工具,各个决策部门逐渐离不开实施 HR 职能的部门的指导与帮助,这也提高了传统人事部门在决策中的地位。现代企业的管理人员扮演着双重角色,一方面是部门的业务经理,另一方面也是所在部门的 HR 经理。HR 部门的主要职责由传统的人事考勤转换为制定开发政策等,同时也注重激发员工的潜在能力。人们在研究企业管理发生和演变过程中,越来越清楚地认识到对人的管理才是现在企业管理的核心,这是现代企业管理发展的一个重要趋势。因此,要在新时代社会中实现飞跃必须认清楚现代企业的发展趋势,把握好中小企业中人力资源管理对组织战略发展的作用。

(1) HRM 是促进企业战略目标实现的有力工具。HR 部门是整个组织中的支撑部门,为企业实现战略目标提供智力保障和支撑。HRM 在整个组织中发挥着以下几点作用：从价值的角度上说，可以降低成本，满足需求，从而增加价值。从战略视角上解释，人力资源作为企业的长期财富，可以利用自身的优势创造独一无二的价值优势。人力资源在知识经济极其鼎盛的今天，已经逐渐取代传统的资金、原材料等竞争手段，成为整个竞争中越来越活跃的资源。人才创造出的竞争力正在成为整个组织中的价值创造源泉，在企业成长过程中的贡献越来越突出。古往今来，历史上卓有成效的企业，其根本原因是上至管理者下至员工都具有极高的素质和能力。所以要保证企业在竞争中的突出竞争优势，就要不断培养高素质的人才，使企业在行业中立于不败之地。

（2）HRM形成企业核心竞争力。不断变化的市场要求企业拥有不断的创新能力和学习能力，也就意味着企业必须培育有学习能力和创新能力的员工，这类员工本身具有极强的适应性，能够适应整个动态环境的变化。所以企业人力资源一旦停止，整个组织便会缺少核心竞争力，竞争优势也难以为继，所以企业是否能够取得成功很大程度上取决于对人力资源的利用开发。有效的人力资源管理是企业培育核心竞争力的关键，为企业实现战略目标奠定基础。

（3）HRM形成企业凝聚力。稳步发展的企业整个组织状态协调，企业的凝聚力较强，以往关于人力资源管理职能的研究与解释都只停留在其运作的功能上，没有对人力资源管理的文化功能进行解释。事实上，筛选、培训开发、薪酬激励、绩效管理等职能在整个企业中都必不可少，而人力资源管理的文化功能，如增加组织沟通、减少组织内成员间冲突以及加强组织上下级之间的协调等，但是这些常常被企业所忽视，因此企业的向心力和凝聚力便受到影响。有学者关于企业内部协调系统做了深入的研究，组织内需要正向协调，例如倾听与沟通，管理组织冲突、发展领导下属关系以及同事关系。此外，可以通过倾听与沟通的方法来消除彼此的矛盾。善于倾听和沟通的企业若是能够重视矛盾和冲突，必然是一个充满和谐、有凝聚力和有竞争力的组织。也必能为员工创造最好的工作环境，从而创造更多的利润。

(4) HRM 帮助企业建立品牌。企业形象的获取来自企业是否有能力满足企业利益相关者的利益，对于员工来说，他们是企业内部的利益相关者。因此，完善的人力资源管理措施通过对员工进行培训与开发来提高员工的素质，建立员工形象，无形中提升了企业的声誉。组织对员工的培养使员工的社会责任感提高，遵守社会道德，从而更好地、热情地投入工作，这也无形中提升了企业的品牌效应，与之相辅相成的是，企业品牌效应的建立与完善可以帮助企业招聘到更合适的员工。

(5) 动态环境下企业的 HRM 更显必要。新时代的企业竞争需要企业在各方面加强创新的速度与优势，我国中小企业在产品、资金和技术上与竞争对手的差异正在逐渐缩小，而 HRM 措施的实施上进步空间还有很大。人力资源尤其是人才资源是整个组织生存发展的根基，企业尤其是中小企业的发展都依赖于优秀人力资源和人力资源的有效管理。

因此，中小企业发展过程中的"瓶颈"因素是企业的人力资源管理实践，人力资源作为企业的重要资源，如果忽视了对人力资源的管理，中小企业将很难发展壮大。

4.2.2 中小企业人力资源管理的优势

由以上分析可知，HRM 对于中小企业来说具有重要的作用，中小企业本身在这方面也具有明显的优势。相对于那些规模大、资金充裕的大企业来说，中小企业在经历改革开放后逐渐发展起来，也具有了自身独特的长处与优势。与大型企业相比，中小企业的优势主要体现在以下几个方面

（安茂莲，2005；王芳，2010；王艳丽，2011）：

（1）中小企业组织结构的扁平化。中小企业内部人员规模小，管理层次少，结构扁平，所以这种灵活的组织结构能够提高整个组织的沟通效率，管理效率也得到提升。与此同时，中小企业对市场环境的变化也能够快速察觉并且做出相应反应，规避一些市场风险。

（2）避免了"内部人控制"。中小企业大多是单人企业主经营或者是由少数人一同经营，这种经营结构方式可以保护企业所有者的利益，所以对中小企业的经营者来说，无须单独建立一套完善的激励和约束机制，同时还可节约代理成本。

（3）中小企业选人用人机制灵活多变。在改革开放前，人才只进不出，大型企业因此承受了沉重的压力，在改革开放后的市场经济转型中大型企业更是困难重重。而中小企业则不同，它在招聘与筛选人才方面更为灵活，企业招聘人才所耗时间短；同时，中小企业的薪酬制度灵活，可以及时对具有突出贡献的员工实行奖励，奖惩的效果很明显，激励作用突出；从员工自身的职业发展来看，中小企业能够给员工提供自我展示的机会，在这种企业文化中员工能更容易实现自己的价值。

市场环境的不断发展催生了中小企业的改革，在这种经济环境下中小企业的优势越来越受到各种因素的限制，其人力资源管理方面仍然存在着很多缺陷。

4.2.3　中小企业人力资源管理存在的问题

（1）人力资源结构不合理。我国大部分中小企业内部的机构职能混乱，人才一方面严重欠缺，另一方面严重浪费。以从事研究和开发工作的知识型劳动人才为例，每万名劳动者中仅有不足一成的劳动者从事研究性工作,这远远落后于其他中等经济发达水平的国家。此外,我国的专业技术人员在从业人员中仅占 5.5%,而其中不足 20% 的劳动者具有大学本科及以上学历,高级人才仅占 5.5%;在 R&D 方面,美国有 80% 的科学家与工程师从事该项工作,而我国在企业工作的各种专业技术人员总人数还未到全国该类人员总人数的 40%。显然,中小企业存在更加突出的人力资源结构不平衡的现象(王佳,2015)。

(2)人力资源严重短缺。我国虽然劳动力丰富,但是人才数量占比少。根据一项问卷调查统计结果显示:在接受调查的中小企业中,具有大专及以上学历的员工仅为企业总人数的 9.6%。企业内人员过剩且未能充分利用与人才短缺且人才供不应求的矛盾并存。高素质、综合型的管理人才和高水平、创新型的科学技术人才严重匮乏,然而,一般人员却存在过剩的现象。现如今,人才很大一部分都流向了海外,我国在美国的本科以上的各类专业型技术或管理等人才已高达 45 万人次;此外,由于种种原因我国的一部分人才流向了国内的外企,例如,优厚的待遇和技术设备、配备完整的科研环境以及高效有序的人才管理经营方式等,都导致外企吸引了大量的国内人才;另外,一部分人才流向收益较好的国内大型企业。显然,人才的匮乏已严重制约了我国中小企业的持续、健康、高效、稳定地发展。

(3)缺乏系统的 HRM 理念。人力资源应被定义在企业资源中最核心的位置,对企业人力资源进行优化整合,努力调动企业员工的创造性、协调性和合作性,是企业永葆活力稳步发展的基础和保障,同时也是企业提升核心竞争力的关键一步,而这些的实现,都与 HR 部门对企业人员的高效有序管理息息相关。但是,如今中小企业在 HRM 方面,管理者提高了对于 HRM 的重视程度,但是 HRM 部门在众企业部门中的地位仍然处于中低水平,大部分中小企业在发展扩张的过程中往往只注意到员工招聘、薪酬福利等,而对能增加员工技能、构建企业文化的培训工作不够重视,对

HRM 的关注程度还远远不够，中小企业并没有真正贯彻落实好以人为本的管理理念，从而导致员工在企业中普遍缺乏主动性、创造性以及竞争意识，缺乏对企业的集体认同感、归属感。

卡丽（化名）美容纤体顾问有限公司是一个专业女子美容纤体会所，位于深圳市南山区，定位是为深圳本地的白领阶层或消费水平较高的中年女士提供护理、减肥、养生、保养服务。该会所成立于1994年，除总部之外，还设有四家分店，在职职工300余人。成立初期，该会所获得了迅速发展，但是，近几年却逐渐遇到一些发展"瓶颈"，企业在经营和管理方面都出现了一些问题，比如优秀人才流失率居高不下、利润逐年下降、总部管控力度不够等。卡丽公司由此对自身的人力资源管理体系进行了详细的分析和改正，总结出了以下几点问题：①欠缺完善的员工培训体系，培训针对性差。现阶段，该会所对员工的培训只包括新员工入职培训及后期的新产品、新设备培训，培训的内容和模式都比较单一，对有效识别客户的挖掘潜力、针对性分析客户所存在的问题（如不同面色代表了哪些肤质、容易出现什么问题、应该怎么护理等）、特殊顾客的服务方式等都没有开展针对性的培训，培训效果差，员工的工作技能得不到提升，也无法有效提升经营业绩。②欠缺核心人才激励机制，优秀人才流失严重。目前，该会所的激励机制并不健全，做得好与做得不好的员工在晋升、薪酬等方面没有明显差异。在少数情况下，对优秀人员的激励也仅限于奖金发放，且发放标准全凭领导"拍脑瓜"，无法真正有效地激励核心人才，优秀人才的流失率也始终居高不下。如何有效保留优秀人才也是该会所领导的头疼问题之一。由此可见，中小企业缺乏系统的人力资源管理理念会给整个企业的运营带来障碍，影响到各个部门的生产运作。

（4）HRM对企业发展并未充分发挥其作用与潜力，在企业中职能地位较低。HRM对企业的作用包括提高企业效率、优化企业绩效、形成并提升企业独有的管理层面的核心竞争优势、提高员工绩效并激励等。然而，当前我国许多中小企业的HRM仍然处于传统的管理层面，没有实现"跨越式"的改变。企业的HR工作依然停留在档案管理、薪酬计算、福利管理等人事管理阶段，这些工作大多数都以事为中心，人力资源管理部门并未充分发挥其作用并承担责任，虽然，以事为中心的人力资源管理部门也能对企业其他部门发挥一些支持性、辅助性的作用，但还是由于缺乏对企业长远发展的前瞻性的考虑，导致其与企业其他部门发生脱离。而这种管理机制也决定了它无法在企业资源占据核心地位，从而不能为企业发展充分发挥其作用。现阶段，中国的企业大部分还处于转型阶段，无论私营企业还是国有企业。现阶段的企业转型可分为两种：一是业务范围、方面、层次等的转型；二是管理模式上的转型。第一种类型的转型包括很多种类，如扩大区域经营范围，如将经营范围从局部延伸到区域再至全国；产品转型则是指满足需求从产品转变到服务；业务价值方面从以市场为导向转变为顾客导向；核心竞争优势转型方面，从大而全转变为不断细化、优化企业的产品或服务。管理模式转型主要包括企业规模形式的转变，如从车间门店扩张为大中型企业；文化理念方面的转型，即从以前的企业主文化或机关单位文化转变为企业共有的价值观或规范体系的构建；企业组织架构方面的转型完成了从单一职能架构到M形结构甚至是矩阵结构；创新方面从向外模仿转型到自主创新，从全方面学习到适合自己需要的个性化创新等。

40年的改革开放，中国已实施了一系列的企业劳动和人事制度改革的举措，并取得了重大进展。然而，由于在不同地区、不同行业以及不同类型的企业之间存在不平衡的经济社会发展水平，导致不同企业的管理理念仍然存在重大分歧，大多数中国企业仍然处于由以事为中心的人事管理向以人为中心的 HRM 的过渡阶段。近年来，尽管许多公司将过去的"人事部门"更名为"人力资源部门"，但依然实行着传统的劳动人事管理模式。此外，在管理理念和管理模式上没有进行根本性的变革，管理的重点仍然是把人的管理定义为"企业的工具"。同时，企业家的注意力只集中于用人成本，只关注如何对人进行使用和控制，而忽视了人的积极性、主动性、创造性，即原有的人事管理模式并没有发生实质性的变化。

典型案例

以草原兴发公司为例，在其十年的创业过程中，它就极其重视智力型劳动资本的积累，把人才培育放在企业的核心位置并作为公司长远发展的百年大计，无论是在肉鸡产业还是肉羊产业，无论是在畜禽饲养还是进行产品加工销售，草原兴发始终将培养属于自己的人才队伍力量放在首要位置，始终把开发企业人力资源作为企业至关重要的环节，草原兴发确保每个部门的每条价值链上都有足够的专门的人才被选拔到最需要、最适合他们的岗位，以激发人力资源的活力并充分发挥其作用，并通过系统的培训方案，使之成为该领域的佼佼者，发展为企业的核心竞争优势。目前，草原兴发已经在产品的研究与开发、营销等价值创造活动的各个方面都积累了一大批高质量、高标准的公司专有人才，各类专业人才相互配合，取长补短。

同时草原兴发培养了人才梯队，将内部员工分成三个层次：一是脑力劳动型人才。这些人知识渊博、目光长远，能够全面考虑问题并布置企业战略，他们通常是公司的领导层或管理层。他们的任务是根据企业所面临的外部环境，把握好企业的发展方向，从而快速整合内部资源，并避免自己踏入在过去经常倡导的必须身先士卒的误区，及时做出应对策略。二是臂膀型人才。这些人通常是企业各部门的副职，主要任务是配合领导人员或管理人员开展工作，贯彻上级的战略决策，尽力减少由于执行不力而造成执行与决策不相符所造成的损失。臂膀型人才的关键在于高效、迅速地执行领导层的战略决策，提高自身"克服一切困难，贯彻落实战略决策"的能力。三是手指型人才。这是一种独特的技术型人才。他们单独作业与岗位技能均需十分突出。如在羔羊肉生产线上，员工刀法的熟练程度不仅影响流水作业的生产效率，还直接影响整条生产链上的产品质量。经过专业的技术培训，草原兴发的手指型人才数量庞大，形成了独特的竞争优势。

(5) 人力资源的激励手段不完善。在对员工的激励方面，很多企业过于注重物质激励，过于注重员工工作是为了取得物质报酬这一理念，忽视了精神激励是员工激励的核心内容，没有将物质激励和精神激励充分结合、取长补短，发挥两者的优势。很多企业对员工的考核评价体系建立在员工能否完成企业既定目标以及完成效率的基础上，激励方式效率低下，造成员工的主动性、积极性不强，这既影响员工自身的发展，也会阻碍企业的发展壮大。而且，只有少数人拥有对企业员工考核评价的权利，导致企业中不民主气氛滋长，人才评价标准不一致和激励机制的不完善造成了企业人员大幅度流动，严重制约了企业的长远发展。大多数中小企业在薪酬分配方式上依然采用平均主义，企业的高、中、低级技术人才的收入差距甚小，人才的劳动价值与其所得的薪酬、福利不匹配。另外，中小企业的激励机制单一，缺乏新意，企业人员高效完成既定目标就加薪，员工未完成任务则扣钱，漠视员工对除经济报酬外奖励的需要，企业无法满足企业员工尤其是技术人才、管理人才对精神激励和自身发展的多样化需求，从而也就留不住企业的核心员工。

(6) 企业对 HRM 的关注度不足。一方面，对人力资源的投入不足。中小企业受到规模和资源的各种制约，所以在高素质人才引进、高学历员工方面，往往束手无策，因而无法在人才市场上吸引高水平、高技术的优秀人才，员工整体素质下降。另一方面，对人力资源的认识出现误区，尤其是对员工培训的错误认识。许多管理者担心得不到回报、自己公司花大力气培训好的高质量人才流向其他企业。此外，许多中小企业仍然认为用人完全可以到市场招聘，投入巨大的时间和精力培训员工完全是不必要的行为。

（7）缺乏催人上进的企业文化。企业文化是企业员工共享的价值和规范体系，是通过使员工遵守某种行为模式和风格以符合企业共享的价值观和规范，在企业中具有重要作用，如当企业组织结构不能有效应对各种外部环境风险时，公司往往通过强调和依赖企业网络、共享的文化和愿景来发挥其作用。员工对企业缺乏认同感、归属感，企业作为团队缺乏凝聚力，往往造成企业员工个人的价值观念与企业理念的不一致，员工在企业仅仅是为了挣钱，而企业也只是最大限度地利用和控制员工。企业文化是企业发展过程中渗透、凝结出来的价值观和精神，每个企业的企业文化都有所不同，对员工的行为习惯和处世方式将产生重要的影响，当前很多中小企业对企业文化的构建缺乏足够的重视，员工企业文化和自身发展的关系理解得不够透彻，他们大多是以赚钱为目的，而不是作为企业的一员为企业出谋划策尽力实现企业利益最大化的身份行动的，造成个人价值观与企业价值观严重偏离，导致不能形成强大的凝聚力，企业无法留住人才，这也是中小企业人力资源管理存在不足的另一个主要原因。

企业必须保持学习能力以培育核心能力，学习能力分为对外和对内。即对外部环境保持关注，对内加强文化建设工作，形成向心力与凝聚力。处于变革时代不断成长的中国各类企业，学习型组织是企业发展的一大趋势，在动态发展过程中不断形成和提高特有的、符合自身需要的学习能力，使企业的知识创新和更新无限发展。

（8）缺乏对员工的后期培训。员工培训既能提高企业员工的素质，又能激励和保留员工以降低员工流动幅度。国内中小企业在培训方面过度欠缺，主要表现为这几个方面：第一，缺乏对培训的重要性认识，有些企业把培训作为一项付出的成本，而不是作为对企业员工的投资；第二，在培训方面舍不得付出，投入的成本较低；第三，各项保障缺失，没有规范的培训场所、科学的培训制度、详细的培训计划和合理的培训目标，使企业开展的培训仅是一种短期行为；第四，员工没有根据自身的特点和需要明确职业生涯发展规划，企业不能给员工提供有针对性的培训发展需求。

典型案例

与草原兴发注重员工培训一样，山东海科集团也将员工培训视为企业成功的法宝。海科化工集团始建于1988年，经过三十多年的发展建设，目前集团已发展成为集石油化工、氯碱化工、生物制药和精细化工为一体的综合性化工企业集团，业务还涉及金融物流和国际贸易。集团目前发展态势良好，很大一部分原因在于企业的人力资源管理工作能够发挥很好的支撑作用。海科集团的HR部门现在成立了两个中心：人才管理中心和企业文化与学习发展中心。人才管理中心一方面负责招聘、内部人员流动以及编制管理；另一方面负责职位体系的建设。学习发展中心类似于培训中心，但不仅是培训员工，一方面要满足组织的人才需求，另一方面也要为战略服务。学习发展中心现有员工4人，8个项目，现在是以项目的形式在进行运作；集团出资用于职工和干部的发展，包括常规模块、战略模块和组织体系建设。学习发展中心是为了组织3~5年能用到的战略服务，服务于战略转型；整个中心的发展路径是中心—商学院—企业大学。与此同时，海科集团的员工具有很高的稳定性。除海科集团完善的薪酬结构激励外，其完善的培训与开发体系是整个组织人力资源管理的一大法宝。员工从入职开始就有新员工培训，入职后有在岗培训、职业生涯专业培训；给员工提供三通道发展路径，一是管理路线：主要包括高级管理层、中级管理层和初级管理层。集团有黄浦人才培训工程,员工可以进行进修。二是技术路线:主要包括高级专家、专家、高级专业师、中级专业师、初级专业师等。薪酬和同级的管理人员是同样的。三是技能路线:主要包括首席技师、高级技师、主任技师、技师、技工。

4.3 中小企业人力资源管理现状

为真实、客观地了解我国中小企业 HRM 现状,并及时发现在 HRM 中的现有问题以及针对此问题要采取的措施,本书对我国中小企业进行了系统性调研和分析,调查对象为我国中小企业,总数接近 1000 家,涉及不同地区和不同行业。本书为探索型的应用研究,课题组成员在进行问卷设计的过程中经历了文献研究,与企业家、管理咨询专业人员进行研讨,问卷的初步调查,问卷再修改,最终发放几个阶段。在问卷的设计与完善过程中,笔者与多家企业进行沟通,一方面完善问卷设计,另一方面弥补问卷调查的不足。

4.3.1 我国中小企业整体分布特点

此小节对本书中进行调研的 938 家企业数据进行分析处理,从地域分布、注册时间、注册资本、企业所处阶段、技术水平、企业性质以及企业产业类型等方面分析,以求全面、系统地了解我国中小企业的特点。

4.3.1.1 地域分布特点

为了提高此次研究的有效性和准确性,研究者采取问卷调查的方式对不同地区的企业进行调研。所调查的企业分布如图 4-1、图 4-2 所示。

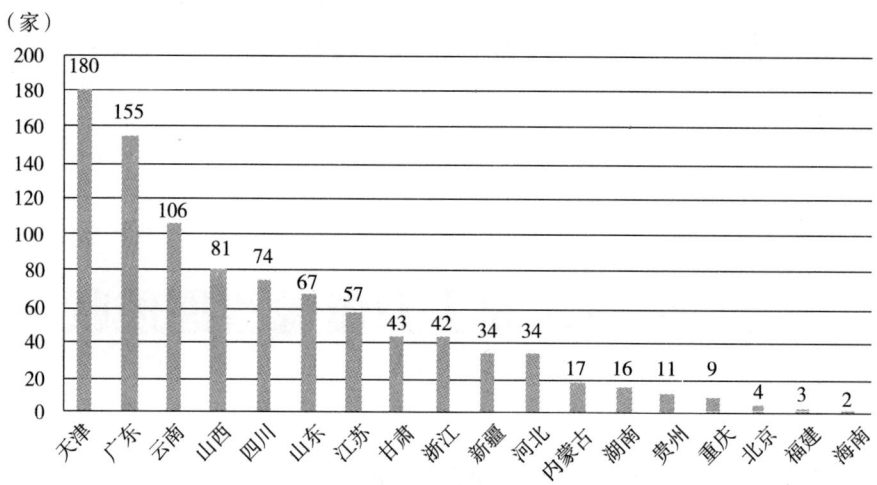

图 4-1　中小企业地区分布

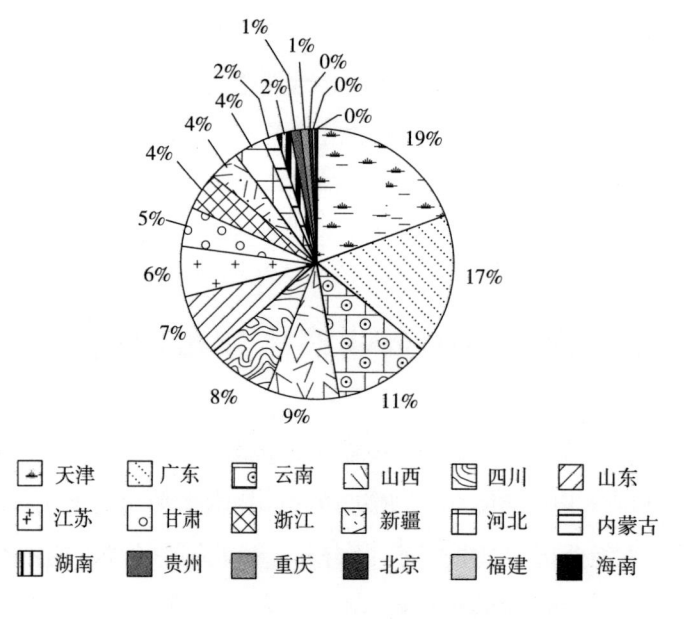

图 4-2　中小企业地区分布及占比

本书对近1000家中小企业进行调研，其中有效数据来源为938家企业，图4-2是对有效企业进行的地区统计。其中，非山东省统计单位为省、山东省内各地区统计单位为地级市。调查结果显示，大多数中小企业主要来源于天津、广东、云南等地；山西、四川、山东、江苏等地占比相对较少，甘肃、浙江、新疆、河北数据不多；贵州、内蒙古、重庆、河北、湖北、湖南等地在整体样本中占比最少。其中，天津170家企业，占比19%；广东139家企业，占比15%；云南106家企业，占比12%。

根据调研数据，结合我国中小企业实际发展情况，可以得出我国中小企业的分布主要有如下特点：

（1）相对集中地分布在经济较为发达地区，如东部沿海、南部沿海地区。

（2）内陆城市分布较少，沿海城市分布较多，如样本数据中山东省青岛市即墨占比相对较多，而内陆城市如淄博等地占比较少。

（3）东部地区分布较多，西部偏远地区分布较少。这主要是因为西部地区交通不便，经济发展程度也远不及中东部地区，而东部地区企业可利用资源丰富，发展潜力巨大。

（4）集中分布在城市地区。根据数据统计，大多数中小企业分布在城市或城郊交界处，如天津市的中小企业大多数集中分布在和平区。

（5）总体而言，我国中小企业区域分布呈现出不平衡的特点。

4.3.1.2 注册时间分布特点

随着第二次世界大战的结束，全球经济发展进入一个新的阶段。在此大环境下，中小企业在全球范围内发展态势迅猛，中小企业在全球经济中也发挥着越来越重要的作用。为了保障中小企业有良好的发展环境，许多欧美国家在政策上采取一些措施来限制大型企业的竞争，减少大企业实行垄断的可能性，从而为中小企业的发展保驾护航。

在我国特有的经济发展环境下,中小企业起步虽晚但是发展速度快,改革开放后到现在,我国中小企业的发展态势良好,成绩显著。据统计,中小企业数量占比高,约占全国企业总数的99%,工业产值占比60%,创造了约75%的就业岗位,为国家经济发展做出了突出贡献。

本书调研了中小企业的年龄分布情况,统计出中小企业的企业年龄数据,从而据此研究中小企业的发展趋势。在近1000家企业样本中,以2001年和2008年为界,将企业注册时间分成三部分,如图4-3所示。

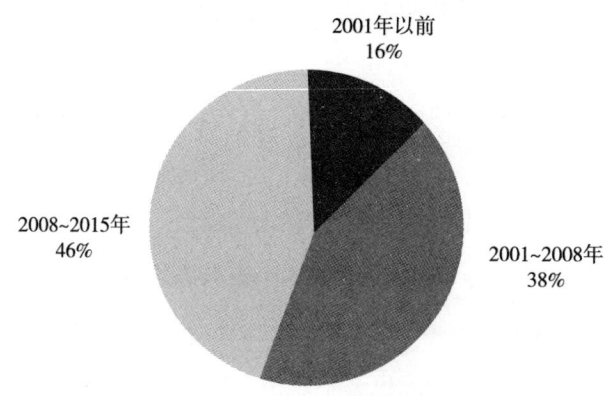

图4-3 中小企业注册时间分布

调查样本中2001年之前中小企业数量只占总体样本的16%,改革开放至今,我国中小企业在改革的浪潮中抓住机会迅速发展,而后2001年中国加入世界贸易组织(WTO),中国经济再次迎来新的发展高潮。据调查数据显示,当前我国中小企业占全国企业总数的99%,创造了全国近七成的就业岗位,促进了就业难问题的解决。

WTO的加入使我国中小企业迎来了发展契机,WTO为我国中小企业提供了许多资源,体现在以下五个方面:

(1)最惠国待遇。WTO提供无条件的和稳定的最惠国待遇,使我国产品享受有利竞争条件的范围扩大,从而与当地政府以及企业进行贸易和谈判的成本减少,直接或间接地扩大了中小企业的对外投资,促进了我国的出口贸易。

(2) WTO平台下外资银行可以进入我国市场。这也要求我国开放资本市场,所以中小企业可以有更多的渠道和方式来融资。此外,WTO使我国中小企业在市场和产业准入方面与国有企业、外资企业享受同等权利。加入WTO后,我国对外国企业放宽标准,对内为中小企业不再设置过高的门槛,这将给我国中小企业的发展提供新的机遇。

(3) WTO是促进中小企业与跨国企业合作的好平台。经济全球化下全球产业结构得到调整,中小企业与跨国企业联系越来越紧密。此外,中国市场的需求量大,一方面吸引了很多国外企业入驻投资,另一方面也带动了国内中小企业与外国企业的合作。

(4) WTO带来了更广阔的国外市场。市场的开放使那些有竞争力的中小企业将自身优质的产品和服务向国外输出,如我国企业在国际市场上具有竞争力的劳动密集型产品使我国中小企业进入国际市场的机会明显增多。此外,WTO有完善的争端解决机制,可以减少中小企业在国际贸易过程中遇到的争端,为中小企业保驾护航。

(5) 加入WTO后,互联网信息技术以及电子商务技术得到快速发展,大型企业与中小企业之间的差距也随着互联网技术和电子商务的发展而不断缩小,中小企业发展过程中遇到的诸多的"瓶颈"问题得到了解决。

WTO不仅给中小企业带来了发展的机会,也给中小企业的发展带来了挑战。第一,WTO规定的削减关税义务使我国企业的竞争对手增多。在这种情况下,我国企业面临着发达国家企业的产品和服务的竞争。我国一部分中小企业中依赖的是单纯性劳动密集型技术,生产技术可能会很快被新型技术所取代,丧失竞争优势。所以,高强度的国际市场上企业之间的竞争促使我国中小企业必须加强技术、制度和产品的创新，在与国外同类企业竞争时有自己的核心竞争力和竞争优势。第二，对服务行业的影响，这类行业中受影响较大的有银行、保险、零售等。中国的银行业、运输业以及零售业都缺乏强大的国际竞争力，因此在我国加入WTO后，这些企业必然要受到来自发达国家同类企业的竞争。以零售业为例，目前在我国市场上占有很大席位的大型超市都是国外品牌，如沃尔玛等，它们在中国市场上显示出了强大的竞争力。如今零售业等服务业也追求知识密集和技术密集，所以我国中小企业要与之竞争还存在较大差距。市场环境开放后，国内第一产业和第二产业在市场环境开放后面临产业结构升级，国内消费结构也在频繁转换，因此减少了国内消费结构的转变对我国服务业增长的拉动效应，这也就促进了国外服务产业在我国的扩张。第三，我国中小企业相对比重在逐步下降，但在此阶段我国仍有一些还没有改制的公有制企业，加入WTO后，由于企业自身存在较严重的问题，如技术水平落后、管理水平低下以及经营机制老化等，取得突破困难重重，融资难度将上升。第四，逐步取消的非关税壁垒大大减弱了关税之外的其他保护措施。

从中小企业的生命周期来看，加入WTO使中小企业也得到了发展空间（林荣清，2004），中小企业如雨后春笋般出现。样本中2001~2008年注册的企业占比为38%。2008年，国际金融危机迅速扩散和蔓延，10月以后迅速地从中小企业延伸到大中企业。在这样严峻的形势下，党中央国务院及时调整了经济政策，既克服当前的困难，又兼顾长远的发展，这些政策既调整结构，又深化改革。

2008年国际金融危机后，我国经济进入一个新的阶段，中小企业也在不断探索中继续发展。随着国家政策的日益完善，对中小企业的投资以及建设也越来越系统化，中小企业能够利用充分的资源和优势在国家经济发展中占据很大一部分。在本书中，2008年至今注册的中小企业占比为

46%，可见中小企业发展迅猛。

根据数据分析结果发现，大部分中小企业仍处于成长阶段，它们对于企业人力资源管理（HRM）的要求呈现出阶段性的特点：中小企业关于人力资源的数量需求和需求速度也在不断增长；此外，企业对员工不仅有量的需求，对质的需求也逐渐提高，一方面要求员工拥有工作能力，另一方面要求员工及时获取新的知识。在企业刚创业时，管理风格主要是粗放式，整个组织的运营都依赖于关键员工。关键员工的能力往往能够直接影响整个组织的运行，随着企业的成长以及企业内外部环境对于整个企业的要求，这种旧式的管理方式已经缺乏灵活性，急需更具效率的规范化管理方式。为实现企业战略，在这一时期，企业 HRM 战略的重点是：①确保人力资源的质和量都能满足企业快速发展的需要；中小企业快速发展需要人力资源数量和质量的支持。②完善培训、考评和薪酬机制，充分调动全体员工的工作激情，提高员工工作绩效，从而提高整个组织的工作绩效；员工激励是中小企业人力资源管理的重要部分，能够给企业提供人才支持。③建立规范的 HRM 体系，使中小企业的 HRM 工作走上系统化的轨道。

4.3.1.3 注册资本特点

本书对 938 家企业进行数据统计，以注册资本为标准将企业划分为 5 个不同档次：10 万元以下、10 万~50 万元、50 万~100 万元、100 万~500 万元以及 500 万元以上。数据统计结果如图 4-4、图 4-5 所示，柱状图表示的是不同注册资本下的企业数量，扇形图表示不同注册资本占比图。

由图 4-4 和图 4-5 可知，中小企业大多数注册资本在 10 万元以下或 10 万~50 万元，样本数据中注册资本为 10 万元以下的企业占比 40%，注册资本为 10 万~50 万元的企业占比 24%，注册资本为 500 万元以上的企业占比 13%，注册资本为 50 万~100 万元的企业占比仅为 10%。说明中小企

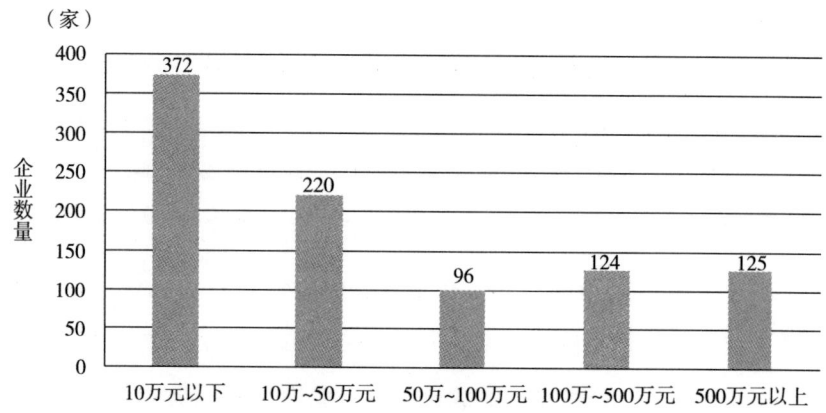

图 4-4 中小企业注册资本

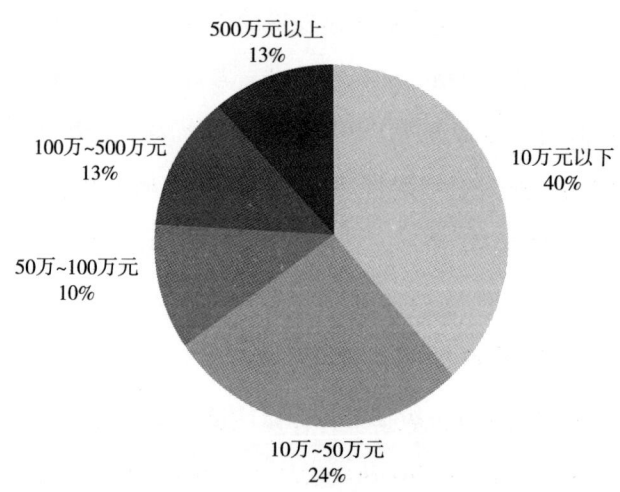

图 4-5 中小企业注册资本统计

业起步投入的资金少,进步的空间大。

4.3.1.4 发展阶段特点

企业不同的发展阶段具有不同的人力资源管理特点,本书中按照创办期、成长期、成熟期、衰退期以及二次创业期将企业生命周期分成5个阶段（唐钟起，2005），每个阶段下的企业数量统计如图4-6所示，938家企业中有500家处于成长期，281家处于成熟期，由图4-7可知，成长期的企业占比53%，成熟期的企业占比30%，创办期的中小企业有126家，占比13%。根据图4-7可知，大多数企业仍处于成长期，在调研其人力资源管理现状时，需要结合其生命周期进行分析。

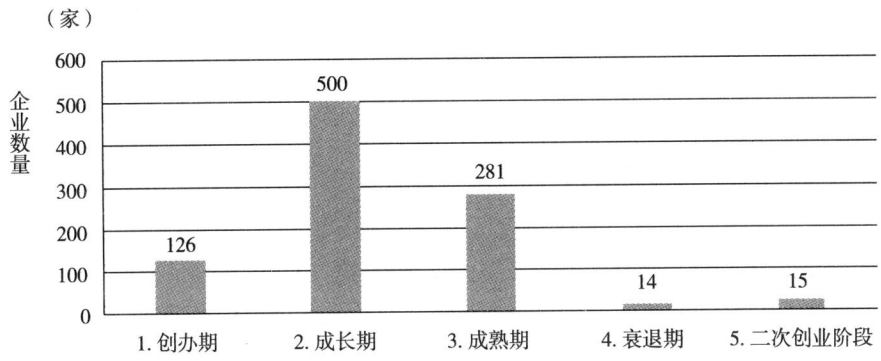

图4-6　中小企业所处阶段

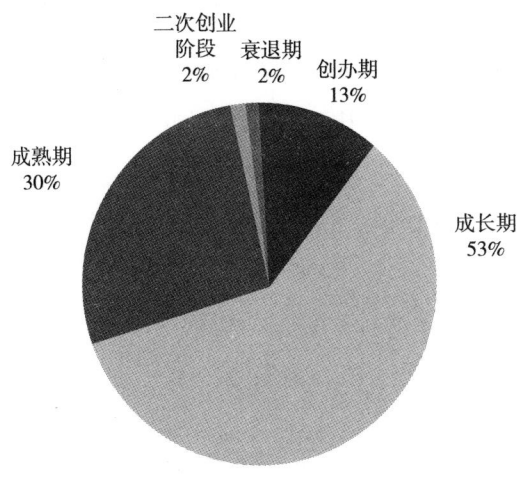

图4-7　中小企业所处阶段占比统计

企业不同生命周期的 HRM 会呈现出不同的特点：创办期的企业在缺乏知名度和实力的情况下主要依靠关键人才尤其是创业者的能力，所以企业对员工的需求是数量小、质量高，能够支撑一个部门的运作与管理即可；此时的企业 HRM 缺乏经验，处于起步阶段。企业尚未建立起系统的 HRM 体系，主要工作由创业者负责。当企业进入成长期后，组织对于人力资源数量的需求开始增多，并且开始规范企业 HRM 系统，确保人力资源的质量和数量。在企业刚创业时候，管理风格主要是粗放式，整个组织的运营都依赖于关键员工。关键员工的能力往往能够直接影响整个组织的发展，随着企业的成长以及企业内外部环境对于整个企业的要求，这种管理风格已经不再适用，需要更有效率的规范化管理来促进企业发展。成熟期的企业开始慢慢依靠企业规范的制度体系，创业者的能力已经不再是决定企业发展的唯一要素；此时，企业的实力和经营模式已经达到最佳状态，内部员工可能会出现惰性增加的现象，而对外的吸引力很强，需要企业妥善处理人力资源配置的问题。当企业发展到衰退期后，企业内部空缺岗位少，人员晋升机制不明确，职业发展受阻，核心人才流失严重，此时人力资源管理的成本将会上升，而且企业内部失去活力，向心力减弱。进入二次创业的企业能够吸取之前 HRM 的经验和教训，不断系统化企业内部的 HRM 系统，在战略调整的基础上不断进行 HRM 机制调整，从而使 HRM 对于企业战略的支撑作用实现最大化。

4.3.1.5 技术水平特点

本书统计了中小企业技术水平现状，依据企业的技术能力将企业分成国际级、国家级、省部级、地市级以及其他。根据图 4-8 和图 4-9 的数据显示：大多数企业的技术水平集中在地市级，占比 55%；其次是省部级水平，占比 18%；而国际级、国家级水平相对较少，占比分别为 5% 和 6%。

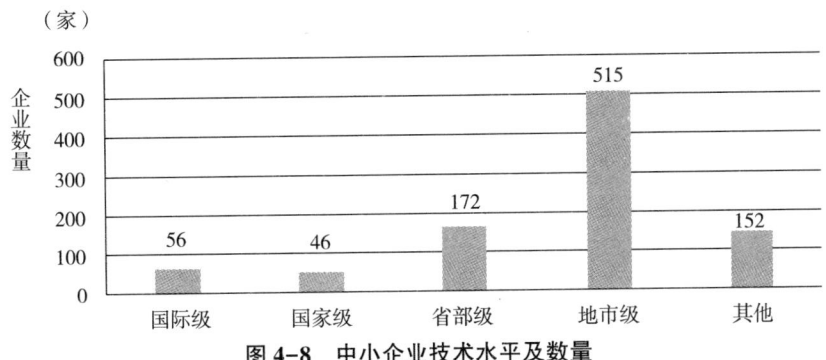

图 4-8 中小企业技术水平及数量

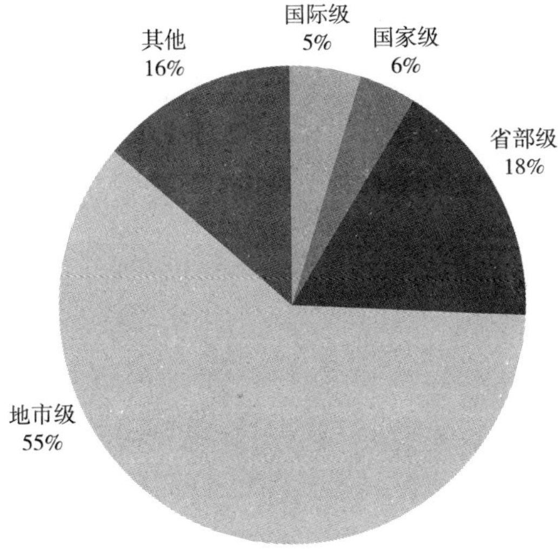

图 4-9 中小企业技术水平占比

由上述数据可知,中小企业的技术水平在国家级和国际级水平上的较少,说明我国中小企业的技术创新是中小企业谋求长期生存与发展的重要部分,中小企业需要将眼光投向全国市场甚至全球市场。技术创新是新时代企业谋求生存与发展的重要动力,中小企业在技术创新方面也具有以下得天独厚的优势:

(1) 中小企业层次少、人员设置简单。领导与下属沟通效率高,企业管理机制灵活，随时可以变通。与结构冗杂、决策程序复杂的大企业相比，中小企业领导层相对比较精干，企业家有时间和精力亲自组织进行技术创新工作。此外，中小企业的领导者能够及时捕获到市场的最新动态，快速做出相应的创新决策。

（2）中小企业有比大企业更宽松的管理环境。员工能够有更多的机会与管理者直接交流，沟通信息的传递更准确，组织效率高。相比之下，中小企业的员工对组织的承诺度高，这有利于调动员工的积极性和主动性，激发员工的创新热情。

（3）中小企业规模小，信息不容易失真，也能快速适应市场的变化和顾客需求的变化。中小企业信息沟通顺畅，上下级之间的交流以及同事之间的沟通阻碍小，信息不容易失真。企业各部门的员工都具有较强的参与意识，创新工作能在各部门展开，也方便技术人员接收到最新的市场信息。

（4）中小企业的员工自主观念强，能够快速接受新鲜事物，对创新的适应程度也较高。此外，中小企业的宽松自由环境为创新活动提供了良好的条件。

（5）中小企业创新效率高，尤其在高新技术产业创新上具有独特的优势。首先，迅速变化的产品和服务市场为中小企业提供了机会；其次，建立在高新技术成果应用基础上的新经济发展模式对人才的要求更为严格，他们占有知识和技术资源，需要熟练掌握对这些知识资源的配置和使用。所以，拥有这种知识的人力资源对这些产业的发展起着重要的作用。

4.3.1.6 产业类型特点

依据各产业所投入的主要资源，可以将我国的企业产业类型主要分成：技术密集型、劳动密集型、资本密集型，因为大多数产业的资源投入集中于技术、劳动以及资本。生产主要依靠大量使用劳动力，而不依赖技术和设备或者是对技术和设备的依赖程度低的产业称为劳动密集型产业,衡量的标准是生产成本中工资的比重。一般农林业及纺织、服装、玩具、皮革等轻工业制造业都属于劳动密集型产业。同理,资本密集型产业中生产成本主要是资本成本。当前,资本密集型产业包括指钢铁业、石油化工、重型机械工业、电力工业等重工业以及一般电子与通信设备制造业和运输设备制造业。我国的资本密集型产业所处经济地位较高,是国民经济发展的重要基础。技术密集型产业在我国主要包括航空航天工业、原子能工业等新型工业以及现代制药工业、新材料工业等升级工业这类对智力和技术水平要求高的产业。

本书将938家中小企业按照上述标准进行分类,根据图4-10和图4-11的数据统计结果,技术密集型企业有230家,占比25%;劳动密集型企业有386家,占比41%;资本密集型企业有180家,占比19%。可见,中小企业的产业类型中劳动密集型居多,其次是技术密集型。

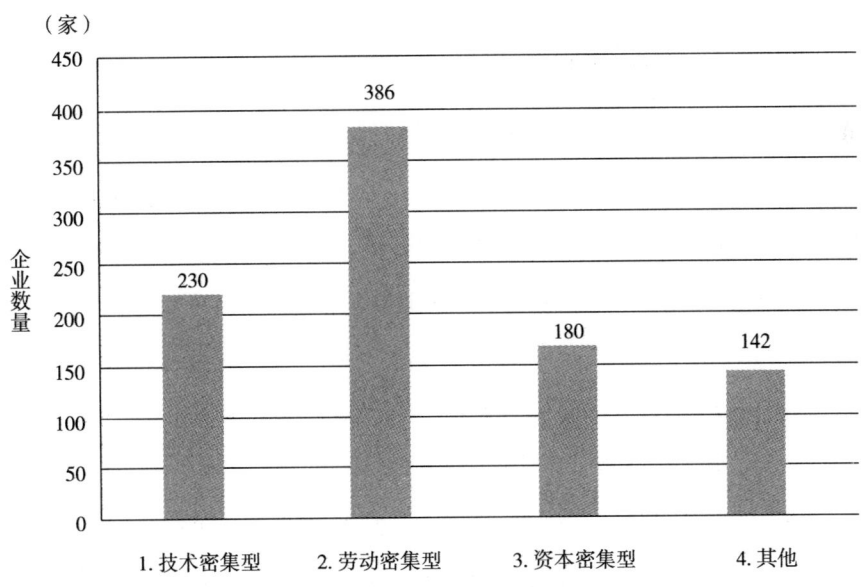

图4-10 中小企业产业类型

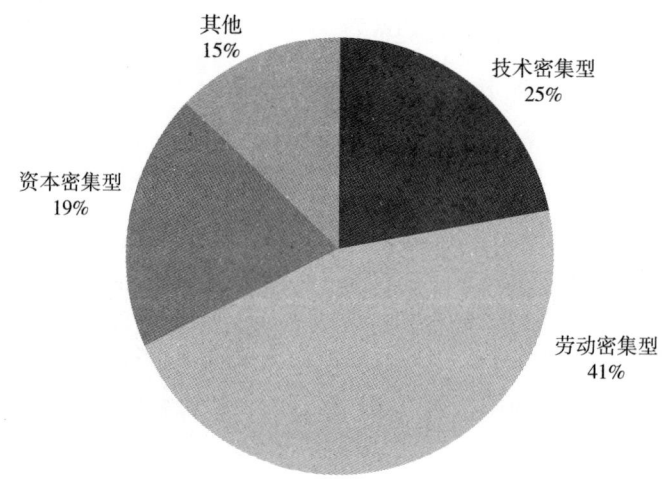

图 4-11 中小企业产业类型占比

不同的产业类型对于人力资源的要求具有不同的特点，如劳动密集型企业对基层员工的需求量大，而技术密集型的企业对技术人员的需求量大。

4.3.1.7 企业性质特点

本书统计了 938 家中小企业的企业性质，将企业分为民营企业、有限责任公司、股份制、集体所有制以及外资企业。由图 4-12 可知，中小企业中民营企业占比最大，占总数的 56%；其次是有限责任公司，占比 37%，股份制、集体所有制和外资企业占比最少。

不同性质的企业具有不同的人力资源管理特点，以民营企业为例，民营中小企业 HR 管理者大多有丰富的行政管理经验，但是没有相关系统的 HRM 的知识和理论体系，在实施 HRM 措施时只按照自己的经验和感觉办事。目前设置有 HR 部门的中小企业中，有七成的员工是从别的专业或岗位转行过来的。这些新型 HR 部门一方面希望借此机会增加管理经验，另一方面又缺乏相应的专业系统知识，这就造成了在实际管理过程中的矛

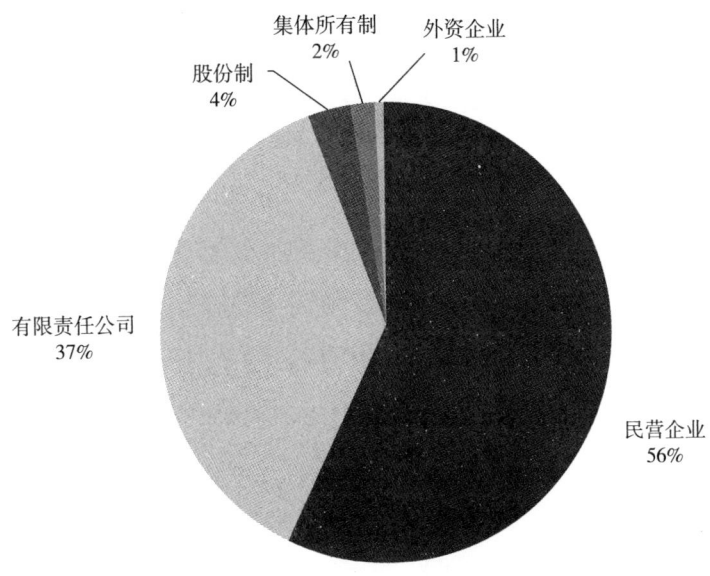

图 4-12 中小企业性质占比

盾。而且,由于不能经常参与公司决策的讨论,他们对企业业务流程、发展状态、发展目标等情况都不熟悉,制定 HR 管理体系时,往往会脱离企业当前的需求和目标,不能给企业带来效益,工作上没有亮点,越来越偏离决策层。此外,HRM 实践中的重要一环是绩效管理,中小企业在绩效考核之前员工并不知道绩效考核的重要性,仅将其看成企业考评以及发放工资的依据。因此,中小企业应该意识到绩效考核与员工激励等环节之间的关系,重视绩效管理在整个 HRM 过程中的重要性和必要性。此外,在设计和确定考核指标时,区分主观指标和客观指标,将员工的行为和态度分开考评。绩效考核时要加强与员工之间的沟通与交流,注重信息反馈。尽量避免敏感话题,防止员工抵触企业的绩效考核;对员工的绩效考核应该讲究公平,从程序上消除员工认为组织中存在不公平现象的担心;此外,中小企业应该加强绩效反馈环节,在考评结束后及时和员工沟通,让员工了解自己在工作过程中的突出表现和不足。企业应该和员工一同为改进员工工作绩效而努力，不能只看到考评结果而忽视了员工的工作过程。最后，中小企业应该加强自身的企业文化建设。企业的 HRM 系统应该与整个企业的文化相结合，共同服务于组织的整体战略。其他企业的先进经验可以学习但不能盲目照搬，否则会出现 HRM 措施与企业战略目标不相符的情况。

4.3.2 我国中小企业不同行业人力资源管理现状

本书选取的 938 家企业涉及不同行业。本书将企业按行业分成 16 种不同类型，分别为工业、建筑业、批发业、零售业、交通运输业、仓储业、邮政业、住宿业、餐饮业、信息传输业、软件和信息服务业、房地产业、物业管理业、租赁和商务服务业以及其他。每种行业包括多家企业，图 4-13、图 4-14 为数据统计结果柱状图与扇形图。

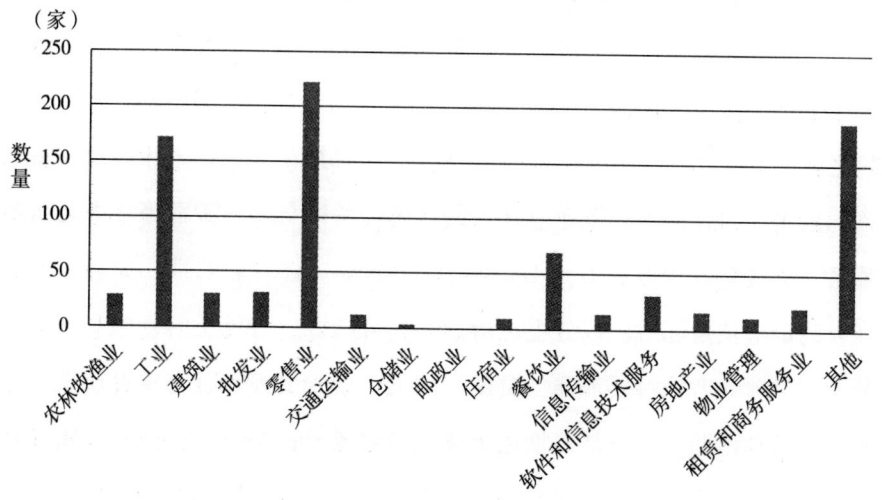

图 4-13 中小企业行业分布

由图4-13可知，样本数据中小企业行业分布主要集中于工业、零售业和餐饮业，分别占比21%、27%和8%。不同行业下中小企业的人力资源管理现状也呈现出不同的特点。本章以工业、零售业和餐饮业为代表探讨中小企业的人力资源管理现状。

4.3.2.1 工业行业人力资源管理现状

以工业中具有代表性的煤炭业为例（史钟，2012）：

（1）在煤炭企业中，企业管理者没有对人力资源管理引起足够的重视，在管理思想方面远远落后于市场需求。在煤炭业等工业行业中，企业HRM的重要性没有得到足够的重视，所以HRM对于企业战略发展的作用没有得到有效发挥，这进一步导致企业内部人员管理混乱现象横生，例如，一些岗位人满为患而一些岗位无人在岗。现在多数的企业经营者将企业员工当作可任意驱使的基层劳动力，这说明此类型管理者并未认识到HRM在企业运行中的重要性，其管理企业员工的行为与现代HRM理念背道而驰，并成为该企业深入发展的重大阻碍，更不要奢谈建立顺应时代发展的人力资源管理体制。

（2）对HRM重视力度不足，尤其是企业对于员工培训的投入较少。我国工业行业企业的HRM方面也存在重视力度不足等问题。企业HRM系统的制定完善与运行对企业的战略制定与执行的影响是系统性和持续性的，如果企业未形成有效的人力资源管理机制，企业的优秀人才就有可能流失。因此，在实际的企业管理中，经营者不应把员工仅看作可供调遣的基层劳动力，要深刻领悟现代HRM理念，重视发挥HRM的重要性，积极地培养人才，有效地管理人力资源，最大限度地调动员工的工作积极性和提高员工的组织承诺感，建立可行的竞争机制和激励体系，发挥HRM在组织中的最大效用。

（3）企业的人力资源配置缺乏合理性。煤炭企业的人力资源配置不合理的表现有以下几点：①煤炭企业有着行业特殊性，企业的煤炭开采作业常常受到气候及地理环境的影响，加上企业的开采设备与开采技术不能和国际水平相比，煤炭企业合理配置内部人力资源便成为提升企业竞争力的重要途径。目前，我国煤炭企业人员的配置十分不合理，具体表现为井下开采人员以及具有技术的高水平工作人员的供应严重不足，然而地面人员却过剩的现象。②煤炭企业辅助开采工人数量明显多于直接从事开采作业的人员数量，即存在大量普通工人，而工程核心技术骨干人员稀少。③煤炭企业的管理人员多是从企业生产或者科研部门提升而来，不具备系统的人力资源管理知识及专业技术，这是煤炭企业的人力资源发展出现不平衡趋势的重要原因。

（4）煤炭企业内部没有有效的薪酬激励体系和制度。企业可以在经营情况的基础上最大限度地提高员工的薪酬待遇，避免员工薪酬结构单一，尽可能帮助员工解决社会保险福利等问题，提高员工的企业归属感和组织承诺感，从而解除员工的后顾之忧。因为只有当生活有了保障之后，员工才能安定下来并全身心地投入到工作中，提升工作质量与工作效率，为企业的长远发展贡献自身的全部力量。此外，企业不仅需要满足员工物质生活方面的需求，更需关心员工，为企业不同级别员工提供更广阔的人生舞台。在精神层面上应该重视员工的主体地位，给予员工精神上的激励，帮助员工与企业共同实现进步与发展。

（5）人力资源管理绩效考核体系不严谨。大多数煤炭企业的绩效管理体系标准不够明确，标准制定得太过笼统，并且绩效考评的结构简单。此外，大多数企业的简单考评体系在实际的考核过程中受到考评者主观的影响较大，使结果不能被员工真正接受，加剧了组织的不公平感。所以适合企业实际情况的人力资源管理绩效考核体系能够明显地提升员工的生产效率和工作质量，从而提高工作绩效。企业的人力资源管理绩效考核指标角度多，层次丰富，所以在对员工进行考核时应该多角度考虑，多种指标综合运用。企业在制定具体绩效考核体系时，应重视考核体系的公平性、完整性及可行性，将现代人力资源管理的新理念融入到具体的考核中去。并且在具体的考核过程中公正、客观、透明地对员工的工作效果和工作状态进行准确评定与考核，奖罚明确。这有利于深入激发员工斗志，谋求企业更为广阔的发展空间。

（6）企业进行 HRM 技术与手段落后。我国企业现在的 HRM 工作中存在有效管理技术手段严重缺乏以及管理信息化程度偏低的问题。这些问题表明：我国的 e-HRM 水平（信息化）仍处于徘徊与初级阶段。所以加强企业信息化建设，大力提升 e-HRM 程度是有效提升我国企业 HRM 的关键所在。

类似于煤炭业，工业行业中其他企业的 HRM 过程同样存在这些问题。由本书的样本数据统计结果可知，工业行业中中小企业管理人员、技术人员、营销人员、生产人员的分布不均匀，如表 4-1 所示。

表 4-1 工业行业中中小企业人员类型占比

人员类型	数量均值	占比（%）
管理人员	22	20.11
技术人员	11.8	10.79
营销人员	23.8	21.76
生产人员	51.8	47.35

由表 4-1 可知，工业行业中中小企业的技术人员占比仅为 10.79%，而工业制造业生产经营过程中对技术人员的需求量大，需要大量技术人员的技术支持以设计或制造出新的产品。这反映出工业行业的中小企业缺乏一个系统的人力资源管理理念，对人力资源管理不重视，缺乏一个有效的人力资源管理机制，企业内部员工分配不合理将会导致生产经营的效率和效益下降。

在激励机制方面，样本数据统计结果如表 4-2、表 4-3 所示。

表4-2 采用多重激励类型企业数量

企业采用激励类型数量	企业数量（家）	所占比例（%）
0	20	12.27
1	31	19.02
2	43	26.38
3	46	28.22
4	11	6.75
5	6	3.68
6	3	1.84
7	2	1.23

表4-3 工业行业激励类型

激励类型	年终奖	销售提成	职务提升	送出去培养	发放奖品	组织旅游	给予股权	其他
数量	69	41	37	20	23	15	79	79
占比（%）	19.01	11.29	10.19	5.51	6.34	4.13	21.76	21.76

数据扇形图如图4-14所示。

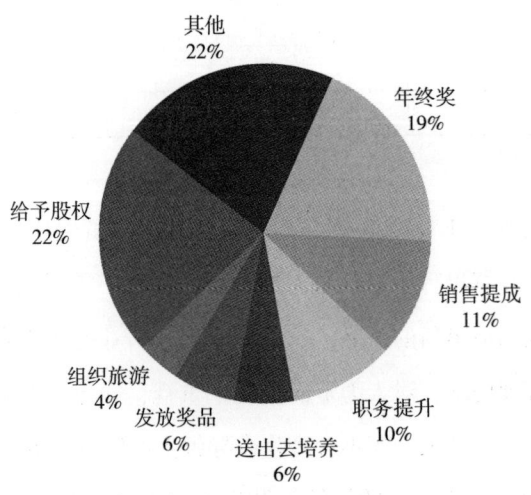

图4-14 工业行业中小企业激励类型占比

由表 4-2、表 4-3 和图 4-14 可知，工业行业中小企业激励类型单一，企业激励主要采用金钱奖励的形式，缺乏对员工的多层次激励。不采用激励机制的企业有 20 家，占总体的 12.27%，163 家企业中只有 68% 的企业采用两种或两种以上的激励手段，其中 12% 的企业采用的是年终奖和销售提成的激励形式。在整体样本中给予股权的企业占比 21.76%，采用年终奖激励的企业占比 19.01%，销售提成占比 11.29%，而对员工的培训奖励只占比 5.51%，说明大多数企业并没有意识到培训等对于企业发展的重要意义，缺乏对员工的精神奖励。

本书对中小企业中属于工业行业的企业人力资源状况进行了统计分析，得出的结论是企业员工的流动程度较高、员工对薪酬的满意程度一般、员工对企业人力资源管理体系现状的满意程度较低，企业对员工的培训程度一般、企业对员工激励和约束机制完善程度较低、员工对工作的满意程度较低。每一程度有 5 种不同回答，其中"流动程度"中 1~5 分别代表人才流动程度很高、较高、一般、较低、很低；"薪酬满意度"中 1~5 分别代表很满意、较满意、一般、不满意、很不满意；"培训程度"中 1~5 分别代表很弱、较弱、一般、较强、很强；"激励和约束机制完善程度"中 1~5 分别代表不完善、不太完善、一般、较完善、很完善；"工作的满意度"中 1~5 分别代表不满意、不太满意、一般、较满意、很满意。表 4-4 反映了每种人力资源状况的数据统计结果（工业行业企业总数为 163 家）。

表 4-4　工业行业中小企业人力资源管理现状数据

人力资源状况	流动程度	薪酬满意度	培训程度	激励和约束机制完善程度	工作满意度
标准分数	2.9	2.9	3.3	2.5	2.6

拥有良好的企业文化是企业人力资源管理系统有效运行的前提和背

景，本书将企业文化问卷考评分成11个方面，每个方面有5种不同程度的体现，由这11个方面来考察企业文化的合理性和正确性。这11个方面分别为：价值观认同程度、员工的团队合作意识、员工的荣誉感和归属感、员工敢于尝试新思想的程度、学习型组织建设的认同感、员工内部交流的通畅程度、企业规章制度完善程度、企业制度合理性、员工对待工作的积极性、员工对公司决策执行力、企业文化凝聚力。其中"价值观认同程度、员工的团队合作意识、员工的荣誉感和归属感、员工敢于尝试新思想的程度、学习型组织建设的认同感、员工内部交流的通畅程度"中1~5分别代表很差、较差、一般、较强、很强；"企业规章制度完善程度、企业制度合理性"中1~5分别代表很完善、较完善、一般、不完善、很不完善；"员工对待工作的积极性、员工对公司决策执行力、企业文化凝聚力"中1~5分别代表很高、较高、一般、较低、很低。

根据上述划分标准，本书将总样本中工业行业的样本抽取出来进行分析，得出企业文化的数据如表4-5所示。

表4-5　工业行业中小企业文化数据统计

企业文化指标	平均分数
价值观认同程度	2.4
员工的团队合作意识	3.4
员工的荣誉感和归属感	2.9
员工敢于尝试新思想的程度	3.4
学习型组织建设的认同感	3.4
员工内部交流的通畅程度	2.7
企业规章制度完善程度	3.4
企业制度合理性	2.2
员工对待工作的积极性	2.3

续表

企业文化指标	平均分数
员工对公司决策执行力	2.4
企业文化凝聚力	2.3

由表 4-5 可知，工业行业中企业文化建设还有待改进，在企业制度较为合理和完善的前提下，员工的工作积极性也处于较高水平，但是员工对企业的价值观认同程度和员工的内部交流通畅程度较低，会影响企业员工的工作效率。员工的合作意识、尝试新思想的程度以及学习型组织建设的认同感处于一般水平。工业行业中小企业的企业文化建设进步的空间恰恰说明人力资源管理系统还有待改进。

4.3.2.2 零售业行业人力资源管理现状

零售业在我国经济带动下发展也异常迅猛，呈现出规模大、业态多样化的特点。如何对零售业进行改革创新也成为研究热点，更多的人开始关注 HRM 在零售业的改革过程中所起的重要作用（谢廷建，2011）。随着电子商务和互联网的不断普及，传统观念下零售业的 HRM 问题急需解决。零售业的 HRM 主要存在以下问题：

（1）人力资源结构复杂。零售业经营业态和营业范围存在很大差异，所以，需要各种不同专业和不同能力水平的人才。但是，零售业员工多是促销人员，受教育程度差异较大，中专水平的员工较多。此外，零售业的总部和门店等组织层次之间需要的员工种类不同，对员工所具备的能力要求也不相同。所以零售行业的人力资源幅度大、范围广。这为 HRM 带来了很大的不便，提高了管理难度。

（2）员工素质要求高。零售行业的入门门槛不高，但受其工作性质和工作环境的要求，员工需要掌握各种促销方式以及说服顾客购买的技巧。

从与顾客接触的频率上看，零售行业员工接触顾客最频繁，所以员工的素质直接反映了企业的形象，对于顾客来说，员工就是企业。只有较高素质的员工才能服务好顾客，提升企业形象，为企业的可持续发展奠定基础。

（3）员工离职率高。离职率是衡量企业在一定时期内员工的流动性和稳定性的标准。离职率高的企业存在的潜在风险大，通常没有企业会希望本企业的离职率高。以连锁超市为例，大部分员工入职半年或一年就选择离职，一方面使整个组织的运行受到阻碍，另一方面也增加了企业的招聘成本。

（4）工作内容不确定。工作内容很难形成书面文字，工作内容很大一部分是临时安排的。大部分非常规工作没有形成文字，使管理人员不了解员工的工作内容，无法考核员工行为并对症下药。这也给一些员工提供了侥幸机会，这部分员工工作积极性不高，工作时经常性偷懒。长此以往，就容易形成好逸恶劳、混日子的心态，工作缺乏激情的员工势必使整个部门缺乏团队精神，士气低下。

（5）员工工资待遇低。零售业的进入门槛较低，对员工的学历要求普遍不高，这是员工工资待遇低的重要因素。此外，零售业多采用薄利多销的经营模式，以从中获取的利润来保证企业的正常运营甚至是企业规模的扩大，但这种经营模式在一定时间内获得的利润是比较低的，很难再来提高员工的工资。

根据本书统计数据可知，零售业人力资源结构不合理，员工分布不均，在本书938家企业中有213家企业属于零售业，对其企业人员分布进行统计后的结果如表4-6和图4-15所示：零售业中营销人员所占比例最多，达46%；管理人员和生产人员数量最少，分别占17%和11%。零售业的员工幅度宽，营销人员多，但是缺乏足够的管理人员。零售业大部分营销人员的受教育程度还有待提高，这对于零售业的人力资源管理来说也是一项挑战。

表 4-6 零售业人员数量分布

人员类型	管理人员	营销人员	技术人员	生产人员
数量均值	4	11	6	3
占比（%）	17	46	26	11

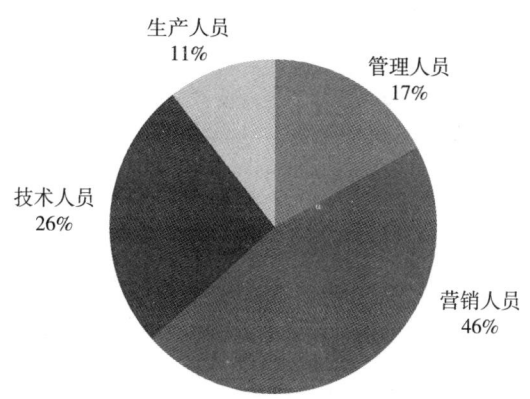

图 4-15 零售业人员数量分布

针对企业采用的激励机制，本书统计了采用多重激励类型的企业，数据如表 4-7 所示。

表 4-7 采用多重激励类型企业数量

企业采用激励类型数量	企业数量	所占比例（%）
0	56	26.29
1	77	36.15
2	41	19.25
3	25	11.74
4	7	3.29
5	4	1.88
6	1	0.47
7	2	0.94

由表4-7可知,大多数零售行业的企业采用的都是一种激励类型,这类企业占行业企业总数的36.15%,不采用激励机制的企业更是占比高达26.29%。采用两种及以上激励类型的企业数量很少。这充分说明零售行业的企业对员工的激励意识不到位,员工的工作积极性受到很大的影响。

在具体的激励机制方面,本书统计结果如表4-8所示。

表4-8 零售业企业激励类型

激励类型	年终奖	销售提成	职务提升	送出去培养	发放奖品	组织旅游	给予股权	其他
数量	41	80	38	17	23	6	48	43
占比(%)	13.85	27.03	12.84	5.74	7.77	2.03	16.22	14.53

数据扇形图如图4-16所示。

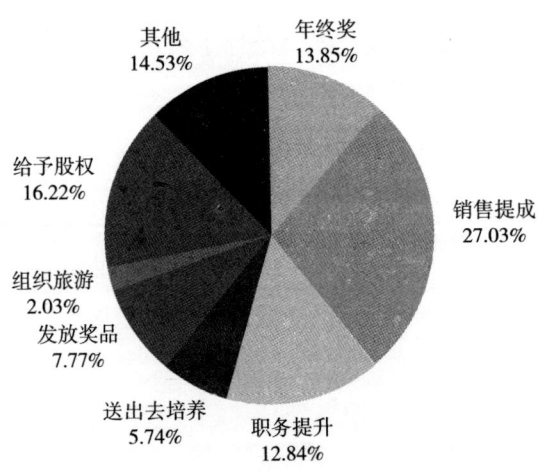

图4-16 零售业激励类型占比

由表 4-8 和图 4-16 可知，零售行业对员工的激励类型从整体上说较不重视，采用明确激励机制的企业数量不多。其次，零售行业的企业激励类型较为单一，大多数企业的激励主要是销售提成，占比 27.03%；其次是给予股权，213 家企业中只有 48 家企业采用给予股权的形式对员工进行激励，占比 16.22%；采用年终奖的企业有 41 家，占比 13.85%；组织员工旅游和送员工出去培养的企业最少，只占 2.03% 和 5.74%。零售业的员工门槛低，但是企业对其的素质要求高，然而企业对员工的激励机制却不能及时激励员工提高自身的素质以适应工作的要求，这同时也会影响员工的离职倾向。

本书对中小企业中属于零售行业的企业人力资源状况进行统计分析，得出的结论是企业员工的流动程度较高、员工对企业的薪酬满意度一般、企业对员工的培训程度一般、企业对员工激励和约束机制完善程度很低、员工对工作的满意程度很低。与工业行业一致，每一程度有 5 种不同回答，其中"流动程度"中 1~5 分别代表人才流动程度很高、较高、一般、较低、很低；"薪资满意度"中 1~5 分别代表很满意、较满意、一般、不满意、很不满意；"培训强度"中 1~5 分别代表很弱、较弱、一般、较强、很强；"激励和约束机制完善程度"中 1~5 分别代表不完善、不太完善、一般、较完善、很完善；"工作满意度"中 1~5 分别代表不满意、不太满意、一般、较满意、很满意（零售业企业总数为 213 家）。

表 4-9 零售业企业人力资源状况统计

人力资源状况	流动程度	薪酬满意度	培训程度	激励和约束机制完善程度	工作满意度
标准分数	3.4	2.8	3.0	2.2	2.4

与工业行业一致，对零售业的企业文化问卷考评同样分成 11 个方面，

每个方面有5种不同程度的体现,由这11个方面来考察企业文化的合理性和正确性。这11个方面分别为:价值观认同程度、员工的团队合作意识、员工的荣誉感和归属感、员工敢于尝试新思想的程度、学习型组织建设的认同感、员工内部交流的通畅程度、企业规章制度完善程度、企业制度合理性、员工对待工作的积极性、员工对公司决策执行力、企业文化凝聚力。其中"价值观认同程度、员工的团队合作意识、员工的荣誉感和归属感、员工敢于尝试新思想的程度、学习型组织建设的认同感、员工内部交流的通畅程度"中1~5分别代表很差、较差、一般、较强、很强;"企业规章制度完善程度、企业制度合理性"中1~5分别代表很完善、较完善、一般、不完善、很不完善;"员工对待工作的积极性、员工对公司决策执行力、企业文化凝聚力"中1~5分别代表很高、较高、一般、较低、很低。

表4-10 零售行业中小企业文化数据统计

企业文化指标	平均分数
价值观认同程度	2.5
员工的团队合作意识	2.5
员工的荣誉感和归属感	2.6
员工敢于尝试新思想的程度	3.2
学习型组织建设的认同感	2.8
员工内部交流的通畅程度	3.1
企业规章制度完善程度	2.5
企业制度合理性	2.5
员工对待工作的积极性	3.1
员工对公司决策执行力	3.2
企业文化凝聚力	2.6

由表4-10可知，零售行业内中小企业的大部分指标都偏低，员工的价值观认同程度、团队合作意识、荣誉感和归属感以及企业学习型组织建设的认同感的平均数都低于3，说明企业在这方面还有进步的空间；企业的规章制度比较完善和合理，但是员工对待工作的积极性以及员工对公司决策的执行力却比较差，这证实了零售行业中小企业的人力资源问题，员工对待工作积极性有待提高，人力资源的结构需要调整以适应企业的战略发展。

4.3.2.3 餐饮业行业人力资源管理现状

餐饮业在我国拥有庞大的市场，餐饮业可以从侧面反映出我国民生经济的整体发展情况，由温饱到富足体现的是我国整体经济水平的提升。餐饮业这块"大蛋糕"吸引了越来越多创业者的目光，从特色美食到小吃，从高档饭店到连锁餐饮，居民生活中存在的餐饮门店越来越多，但是餐饮业的经营成果却是各有差异，究其根源离不开企业的人员管理。目前，我国餐饮业的中小企业人力资源管理现状存在许多问题，主要有以下几个方面：

（1）激励机制不够完善。我国餐饮业现有的激励机制很不成熟，受传统企业文化的影响，注重的是个人利益绝对服从组织利益，不讲究对员工的鼓励，员工往往只有"责"，而无"权"和"利"。因此，员工得不到应有的激励，工作积极性下降。受餐饮行业工作性质的影响，工作烦琐无趣，创新点不足。员工认为"干好干坏都一样"，看不到自己的职业发展前景。这种错误想法使企业管理人员难以对其进行管理，也不利于企业参与激烈的市场竞争环境中，阻碍了企业的发展。

（2）人员福利待遇一般化。每个行业的薪酬标准和范围都根据市场的变化而确定了相应的标准和浮动范围，但是如今国内餐饮行业从业者的薪酬福利却不及其他行业。此外，餐饮行业的从业者在社会上的认同度低,这些因素导致餐饮业的从业人员对工作失去自信,工作自尊感和成就感低下,流动率高。具体来说,以厨师为例,其专业性很强,可替代性低。目前能够雇用和培育特级厨师的餐饮企业并没有普及,不同级别之间的厨师薪酬待遇也不同,这造成了优秀厨师的离职。这对那些中小餐饮企业来说极为不利,因为顾客的选择是基于企业所能提供的菜品、口味等。厨师队伍稳定了才能稳定企业的长期顾客,长期顾客的持续性消费也能激励企业进行创新,从而获得更高的利润。此外,厨师岗位的技术注重传承,优秀厨师的离职往往会带走他们的学生,对企业来说是很大的损失。

(3)企业内部培训不到位。餐饮行业工作烦琐重复,员工自我成长意愿没有办法得到满足。餐饮业目前的现状是只注重经营成果,没有从企业内部员工出发,忽视了对员工的培训,日复一日的重复性服务工作可能会导致员工对企业失去信心和积极性。直接服务顾客的员工未经培训不能将企业的宗旨和文化传递给消费者,员工的素质和行为直接影响企业的品牌价值。

样本中有69家企业属于餐饮企业,本书对这些企业的人力资源状况进行具体的统计分析,包括企业人员分布、激励类型以及企业文化建设等。在企业人员分布方面,样本数据如表4-11和图4-17所示。

表4-11 餐饮行业中小企业人员分布

人员类型	管理人员	营销人员	技术人员	生产人员
数量均值	6	11	4	5
占比(%)	23.08	42.31	15.38	19.23

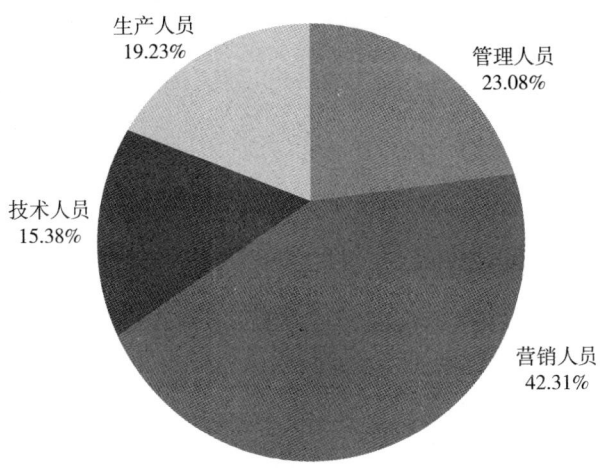

图4-17 餐饮行业企业人员分布

针对餐饮行业企业的激励现状,本书对餐饮行业的中小企业进行了数据调研,数据统计如表4-12所示。

表4-12 采用多重激励类型企业数量

企业采用激励类型数量	企业数量	所占比例(%)
0	12	17.39
1	30	43.48
2	18	26.09
3	7	10.14
4	1	1.45
5	1	1.45

由表4-12可知,大部分餐饮企业只采用一种激励类型来激励员工,69家中小企业中有30家企业只采用一种激励类型占比43.48%;69家企业

中有12家企业没有明确的激励机制，占比17.39%；采用两种或两种以上的企业只占少数。数据说明大多数餐饮行业的激励机制不够完善，激励种类单一。本书统计了餐饮行业企业具体的激励类型，结果如表4-13、图4-18所示。

表4-13　零售业企业激励类型

激励类型	年终奖	销售提成	职务提升	送出去培养	发放奖品	组织旅游	给予股权	其他
数量	22	27	9	7	12	4	9	7
占比（%）	22.68	27.84	9.28	7.22	12.37	4.12	9.28	7.22

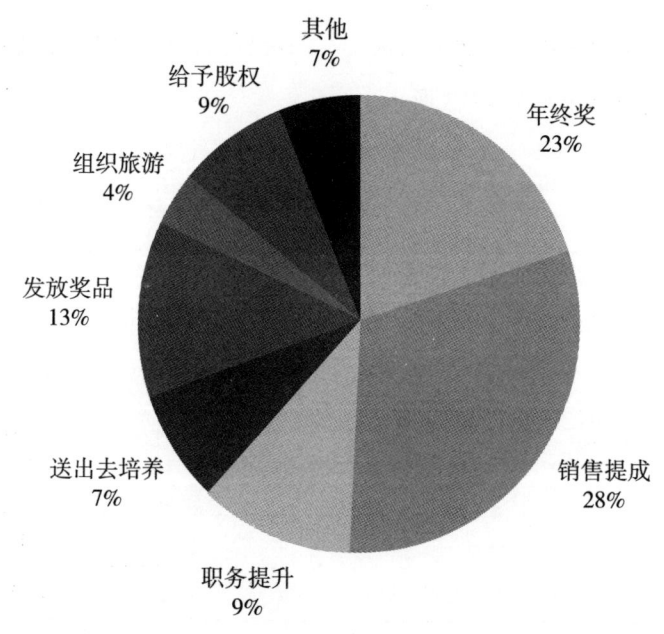

图4-18　餐饮行业中小企业激励类型

由表4-13和图4-18可知，餐饮行业中小企业采用的激励类型中销售提成占比最大,达28%;其次是采用年终奖的企业,占比23%,与工业和零售业相比,给予股权所占的比重相对较小,在餐饮行业整体中占比9%。上述数据说明中小企业的激励类型单一,激励机制不够完善,这对于企业员工的工作积极性都有很大的消极影响。

本书对中小企业中属于餐饮行业的企业人力资源状况进行统计分析,得出的结论是企业员工的流动程度较高、员工对企业的薪酬满意度较低、企业对员工的培训程度较低、企业对员工激励和约束机制完善程度很低、员工对工作的满意程度很低。与工业行业和零售行业一致,每一程度有"1~5"5种不同回答,其中人员流动程度1代表很高,2代表较高,依次类推;其他四种程度1代表很低,2代表较低,依次类推。

表4-14 餐饮行业中小企业人力资源状况

人力资源状况	流动程度	薪酬满意度	培训程度	激励和约束机制完善程度	工作满意度
平均分数	2.9	2.7	2.5	2.5	2.5

与工业行业和零售行业一致,对餐饮行业的企业文化问卷考评同样分成11个方面,每个方面有5种不同程度的体现,由这11个方面来考察企业文化的合理性和正确性。这11个方面分别为:价值观认同程度、员工的团队合作意识、员工的荣誉感和归属感、员工敢于尝试新思想的程度、学习型组织建设的认同感、员工内部交流的通畅程度、企业规章制度完善程度、企业制度合理性、员工对待工作的积极性、员工对公司决策执行力、企业文化凝聚力。其中"价值观认同程度、员工的团队合作意识、员工的荣誉感和归属感、员工敢于尝试新思想的程度、学习型组织建设的认同感、员工内部交流的通畅程度"中1~5分别代表很差、较差、一般、较强、很强;"企业规章制度完善程度、企业制度合理性"中1~5分别代表

很完善、较完善、一般、不完善、很不完善;"员工对待工作的积极性、员工对公司决策执行力、企业文化凝聚力"中1~5分别代表很高、较高、一般、较低、很低。餐饮行业的企业文化指标数据如表4-15所示。

表4-15 餐饮行业中小企业文化数据

企业文化指标	平均分数
价值观认同程度	2.7
员工的团队合作意识	2.8
员工的荣誉感和归属感	3.0
员工敢于尝试新思想的程度	2.8
学习型组织建设的认同感	2.9
员工内部交流的通畅程度	3.0
企业规章制度完善程度	2.5
企业制度合理性	2.6
员工对待工作的积极性	3.1
员工对公司决策执行力	3.2
企业文化凝聚力	2.8

由表4-15可知,餐饮行业的中小企业企业文化仍然有待改进,员工对企业的价值观认同程度、团队合作意识、敢于尝试新思想的程度、对学习型组织建设的认同感都低于标准平均分数3,说明餐饮行业的中小企业内部文化建设与员工之间的交流机制仍然不够完善;企业的规章制度完善程度和合理性的分数分别为2.5、2.6,但是员工对待工作的积极性以及对公司决策的执行力都偏低。

附录

关于印发中小企业划型标准规定的通知

工信部联企业〔2011〕300号

各省、自治区、直辖市人民政府，国务院各部委、各直属机构及有关单位：

为贯彻落实《中华人民共和国中小企业促进法》和《国务院关于进一步促进中小企业发展的若干意见》（国发〔2009〕36号），工业和信息化部、国家统计局、发展改革委、财政部研究制定了《中小企业划型标准规定》。经国务院同意，现印发给你们，请遵照执行。

工业和信息化部　国家统计局

国家发展和改革委员会　财政部

二〇一一年六月十八日

中小企业划型标准规定

一、根据《中华人民共和国中小企业促进法》和《国务院关于进一步促进中小企业发展的若干意见》（国发〔2009〕36号），制定本规定。

二、中小企业划分为中型、小型、微型三种类型，具体标准根据企业从业人员、营业收入、资产总额等指标，结合行业特点制定。

三、本规定适用的行业包括农、林、牧、渔业，工业（包括采矿业，制造业，电力、热力、燃气及水生产和供应业），建筑业，批发业，零售业，交通运输业（不含铁路运输业），仓储业，邮政业，住宿业，餐饮业，信息传输业（包括电信、互联网和相关服务），软件和信息技术服务业，房地产开发经营，物业管理，租赁和商务服务业，其他未列明行业（包括科学研究和技术服务业，水利、环境和公共设施管理业，居民服务、修理和其他服务业，社会工作，文化、体育和娱乐业等）。

四、各行业划型标准为：

（一）农、林、牧、渔业。营业收入20000万元以下的为中小微型企业。其中，营业收入500万元及以上的为中型企业，营业收入50万元及以上的为小型企业，营业收入50万元以下的为微型企业。

（二）工业。从业人员1000人以下或营业收入40000万元以下的为中小微型企业。其中，从业人员300人及以上，且营业收入2000万元及以上的为中型企业；从业人员20人及以上，且营业收入300万元及以上的为小型企业；从业人员20人以下或营业收入300万元以下的为微型企业。

（三）建筑业。营业收入80000万元以下或资产总额80000万元以下的为中小微型企业。其中，营业收入6000万元及以上，且资产总额5000万元及以上的为中型企业；营业收入300万元及以上，且资产总额300万元及以上的为小型企业；营业收入300万元以下或资产总额300万元以下的为微型企业。

（四）批发业。从业人员200人以下或营业收入40000万元以下的为中小微型企业。其中，从业人员20人及以上，且营业收入5000万元及以上的为中型企业；从业人员5人及以上，且营业收入1000万元及以上的为小型企业；从业人员5人以下或营业收入1000万元以下的为微型企业。

（五）零售业。从业人员300人以下或营业收入20000万元以下的为中小微型企业。其中，从业人员50人及以上，且营业收入500万元及以上的为中型企业；从业人员10人及以上，且营业收入100万元及以上的为小型企业；从业人员10人以下或营业收入100万元以下的为微型企业。

（六）交通运输业。从业人员1000人以下或营业收入30000万元以下的为中小微型企业。其中，从业人员300人及以上，且营业收入3000万元及以上的为中型企业；从业人员20人及以上，且营业收入200万元及以上的为小型企业;从业人员20人以下或营业收入200万元以下的为微型企业。

(七)仓储业。从业人员200人以下或营业收入30000万元以下的为中小微型企业。其中,从业人员100人及以上,且营业收入1000万元及以上的为中型企业;从业人员20人及以上,且营业收入100万元及以上的为小型企业;从业人员20人以下或营业收入100万元以下的为微型企业。

(八)邮政业。从业人员1000人以下或营业收入30000万元以下的为中小微型企业。其中,从业人员300人及以上,且营业收入2000万元及以上的为中型企业;从业人员20人及以上,且营业收入100万元及以上的为小型企业;从业人员20人以下或营业收入100万元以下的为微型企业。

(九)住宿业。从业人员300人以下或营业收入10000万元以下的为中小微型企业。其中,从业人员100人及以上,且营业收入2000万元及以上的为中型企业;从业人员10人及以上,且营业收入100万元及以上的为小型企业;从业人员10人以下或营业收入100万元以下的为微型企业。

(十)餐饮业。从业人员300人以下或营业收入10000万元以下的为中小微型企业。其中,从业人员100人及以上,且营业收入2000万元及以上的为中型企业;从业人员10人及以上,且营业收入100万元及以上的为小型企业;从业人员10人以下或营业收入100万元以下的为微型企业。

(十一)信息传输业。从业人员2000人以下或营业收入100000万元以下的为中小微型企业。其中,从业人员100人及以上,且营业收入1000万元及以上的为中型企业;从业人员10人及以上,且营业收入100万元及以上的为小型企业;从业人员10人以下或营业收入100万元以下的为微型企业。

(十二)软件和信息技术服务业。从业人员300人以下或营业收入10000万元以下的为中小微型企业。其中,从业人员100人及以上,且营业收入 1000 万元及以上的为中型企业；从业人员 10 人及以上，且营业收入 50 万元及以上的为小型企业；从业人员 10 人以下或营业收入 50 万元以下的为微型企业。

（十三）房地产开发经营。营业收入 200000 万元以下或资产总额 10000 万元以下的为中小微型企业。其中，营业收入 1000 万元及以上，且资产总额 5000 万元及以上的为中型企业；营业收入 100 万元及以上，且资产总额 2000 万元及以上的为小型企业；营业收入 100 万元以下或资产总额 2000 万元以下的为微型企业。

（十四）物业管理。从业人员 1000 人以下或营业收入 5000 万元以下的为中小微型企业。其中，从业人员 300 人及以上，且营业收入 1000 万元及以上的为中型企业；从业人员 100 人及以上，且营业收入 500 万元及以上的为小型企业；从业人员 100 人以下或营业收入 500 万元以下的为微型企业。

（十五）租赁和商务服务业。从业人员 300 人以下或资产总额 120000 万元以下的为中小微型企业。其中，从业人员 100 人及以上，且资产总额 8000 万元及以上的为中型企业；从业人员 10 人及以上，且资产总额 100 万元及以上的为小型企业；从业人员 10 人以下或资产总额 100 万元以下的为微型企业。

（十六）其他未列明行业。从业人员 300 人以下的为中小微型企业。其中，从业人员 100 人及以上的为中型企业；从业人员 10 人及以上的为小型企业；从业人员 10 人以下的为微型企业。

五、企业类型的划分以统计部门的统计数据为依据。

六、本规定适用于在中华人民共和国境内依法设立的各类所有制和各种组织形式的企业。个体工商户和本规定以外的行业，参照本规定进行划型。

七、本规定的中型企业标准上限即为大型企业标准的下限，国家统计部门据此制定大中小微型企业的统计分类。国务院有关部门据此进行相关数据分析，不得制定与本规定不一致的企业划型标准。

八、本规定由工业和信息化部、国家统计局会同有关部门根据《国民经济行业分类》修订情况和企业发展变化情况适时修订。

九、本规定由工业和信息化部、国家统计局会同有关部门负责解释。

十、本规定自发布之日起执行，原国家经贸委、原国家计委、财政部和国家统计局2003年颁布的《中小企业标准暂行规定》同时废止。

本章参考文献

[1] 王芬. 中小企业人力资源管理现状分析及对策 [J]. 现代商贸工业，2010（6）：160-161.

[2] 安茂莲. 我国中小企业人力资源管理策略研究 [D]. 哈尔滨工程大学硕士学位论文，2005.

[3] 庄佳林. 支持我国中小企业发展的财政政策研究 [D]. 财政部财政科学研究所硕士学位论文，2011.

[4] 王艳丽. 中小企业人力资源管理现状及对策 [J]. 中国集体经济，2011（7）：147-148.

[5] 林荣清. 加入WTO对中小企业的影响及应对策略 [J]. 福建行政学院福建经济管理干部学院学报，2004：47-49.

[6] 唐钟起. 我国中小企业生命周期特点及管理对策研究 [D]. 哈尔滨工程大学硕士学位论文，2005.

[7] 王佳. 中小企业技术创新能力评价研究 [D]. 西安理工大学硕士学位论文，2005.

[8] 史钟. 试析煤炭企业人力资源管理现状及改进措施 [J]. 中华民居, 2012 (19).

[9] 谢廷建. 浅谈我国零售业人力资源管理——以 H 连锁超市为例 [J]. 市场论坛, 2011, 11: 54-56.

5

我国中小企业人力资源管理强度的实证研究

5.1 人力资源管理强度的前因探讨
——基于××中小企业的案例研究

"人力资源"的概念是1954年彼得·德鲁克在《管理的实践》中第一次提出的,之后不断发展,从人事管理、人力资源管理、战略人力资源管理、国际人力资源管理,到近年来"以人为本"等管理理念的倡导,人力资源管理角色已随着社会环境的变化、企业的变革,逐渐从传统事务性转变为战略合作性。人力资源管理在企业价值链中的作用日益显著,越来越成为企业竞争优势的重要来源。

中小企业多处于发展起步阶段,由于自身规模、资金条件、人才资源等因素限制,人力资源管理体系往往不完善,既可能不单独设置人力资源主管部门,也可能设立人力资源部,岗位设置与人员构成不够专业化。此外,由于中小企业面临高度竞争性与不确定性的外部环境,为实现其生存与发展的战略目标,要求其管理措施具备较强的灵活性,因而,就相较成熟企业而言,其人力资源管理更为复杂。根据资源基础理论,企业资源主要分为物质资本资源、人力资本资源和组织资本资源(Barney,1991)。而企业初创阶段因资本限制且制度不完善,削弱了物质资本和组织资本对于构建企业持续竞争优势的作用,因而能否有效地开展人力资源管理,将直接关系到中小企业在运营过程中是否能发挥自身独特优势,实现利益最大化。然而,现实中很多中小企业致力于建立一整套完善的人力资源管理制度,耗费了大量的人力、物力,却因为缺乏员工切实参与和充分理解而最终流于形式,并被束之高阁。而这正是Bowen和Ostroff(2004)提出的人力资源管理强度（Strength of HRM）概念所关注的，即企业应同等重视人力资源管理措施本身和人力资源管理实施过程及效果。也就是说，想要提高人力资源管理实践的效率，企业不能仅关注它的内容，更重要的是能否清晰地向员工传达精确的、一致的 HRM 信息，使他们理解并接受这些信息，在组织内达成共识。

综观已有研究可以发现，目前对人力资源管理强度的研究主要集中在作用结果方面，如员工情感承诺、员工工作态度、组织绩效等，尚未涉及人力资源管理强度影响因素及其作用机制。另外，对中小企业人力资源管理的研究也主要关注 HRM 措施本身，尚未涉及人力资源管理强度方面。在中小企业中，高管团队作为企业战略的决策者，其行为将对企业的战略导向起决定性的作用。由此，本书将从中小企业高管行为入手，探讨影响中小企业人力资源管理强度的因素，分别是 CEO 的授权型领导、高管团队对人力资源管理的支持、HR 经理的向下沟通，研究框架如图 5-1 所示。

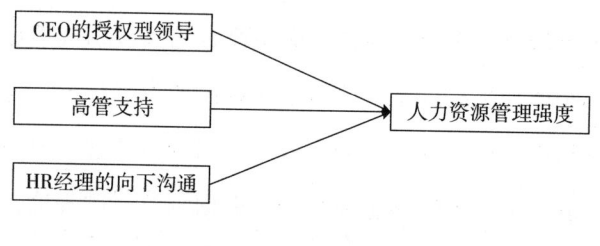

图 5-1 研究框架

5.1.1 文献回顾与理论假设

5.1.1.1 人力资源管理强度

人力资源管理系统包括内容和过程两个特征，内容是指为实现某种特定的目标而采取的 HRM 措施；人力资源管理过程则重点探讨具备什么特征的 HRM 系统可以营造一种强氛围，促使员工准确地理解组织通过 HRM 实践所传达的信息，并在组织内部达成共识，使员工拥有与组织的期望和奖励相一致的认知、态度和行为，从而保证 HRM 措施的高效执行，提高组织绩效。目前，有关 HRM 的理论研究大多基于内容视角，基于过程视角的研究才刚刚开始，主要集中在战略人力资源管理研究领域，本书所研究的"人力资源管理强度"就是过程视角的代表。

Bowen 和 Ostroff（2004）认为，很多企业的 HRM 难以取得成效的原因在于过分注重"最佳 HRM 实践"的选择，而忽视了 HRM 措施的实施过程。因此，他们提出"人力资源管理强度"这一概念，强调企业在重视 HRM 措施内容的同时，还应该重视各项措施的实施过程及其效果。高强度的人力资源管理可以向员工传递更精确、更一致的 HRM 信息，使员工认同组织所期待的行为并达成共识，有助于员工更好地理解组织目标，提高个人目标与组织目标的相关性，从而更好地为组织服务，提高组织绩效。

参考 Kelly（1967）的情境理论，结合信息说服理论和社会影响理论，Bowen 和 Ostroff（2004）将人力资源管理强度划分为三个维度，分别是独特性（Distinctiveness）、一致性（Consistency）和共识性（Consensus）。独特性是指 HRM 系统吸引员工关注并激发其工作兴趣的特征，主要体现在可视性、可理解性、职权正当性和相关性四个方面。一致性是指 HRM 措施及其实施过程具有统一性，不随时间和形式改变，主要体现在充分性、有效性和人力资源管理信息一致性三个方面。共识性是指组织中的各方利益相关者对 HRM 措施的普遍认同感，主要体现在 HRM 决策者之间的共识和员工对 HRM 措施的公平感知两个方面。

5.1.1.2　CEO 授权型领导与人力资源管理强度

自 20 世纪 80 年代起，授权（Empowerment）逐渐成为管理理论与实践中广泛使用的概念，已有研究对"授权"的理解主要有"情境授权"和"心理授权"两种视角，其中"情境授权"关注职权下移等情境因素，"心理授权"则更关注下属心理感受到的授权。近年来，随着企业外部环境复杂化和内部结构扁平化，以及对工作自主性要求较高的知识型员工的增加，超过 70% 的组织有过某种形式的授权行为，授权型领导（Empowering Leadership）已成为备受欢迎的领导方式。综合以上两种视角可知，授权型领导是一种上级将权力授予下属，并激发下属内在动机的行为，主要包括以身作则、信息分享、参与式决策、教导、关怀五个维度。

CEO 作为中小企业中负责日常事务的最高行政官员，其领导风格将直接影响企业的战略导向。已有研究表明，CEO 的授权型领导可以帮助企业有效地整合高管团队的行为，从而在组织中形成一种授权氛围，有利于高管团队、HRM 部门及其他管理部门基于共同愿景制定 HRM 决策，当员工感知到 HRM 决策者之间达成共识时，他们会更容易理解和接受 HRM 措施，也更易形成共同的价值观。另外，授权型领导风格的 CEO 会把更多的 HRM 决策权下放给 HR 经理，从而增强 HR 经理的职权正当性，提高员工对 HRM 措施的认同感。同时，职权下放拉近了员工与 HRM 决策者之间的距离，减少了 HRM 信息传递的层级，降低了信息传播过程中的失真度，保证信息的一致性。通过以上分析，我们发现 CEO 的授权型领导可以促使 HRM 决策者达成共识、提高 HRM 制定者的职权正当性，保证 HRM 信息的一致性，从而增强企业的人力资源管理强度。基于此，我们提出以下假设：

假设 1：CEO 的授权型领导对人力资源管理强度有正向影响。

5.1.1.3 高管支持与人力资源管理强度

高管团队（Top Management Team，TMT）是一个相关小群体，包括

CEO、总经理、副总经理以及直接向他们汇报工作的高级经理等公司高层经理。高管团队负责企业的战略制定与执行、组织与协调，是企业经营管理的决策者和控制者，其对人力资源管理的支持可以在企业中营造一种重视人才、充分参与、充分信任的氛围，改善员工的工作态度和行为，使HRM的各项措施得以有效实施，从而提高企业绩效。

近二十年来，关于高管支持（Top Management Support，TMS）的研究大量涌现。其中，有关高管支持对系统影响的研究大多集中在信息化情境下，而HRM系统作为企业重要的子系统之一，却无人研究高管支持对其的影响。因此，本书将借鉴信息化情境下高管支持的相关研究，来界定高管团队对人力资源管理的支持（以下简称高管支持）的概念和维度。针对HRM的高管支持反映了高管团队是否认识到了HRM系统的重要性，是否积极参与HRM相关活动。高管支持主要包括高管信念和高管参与两个维度，其中高管信念包括对HRM系统的理解和HRM价值的认知，具体体现在高管团队是否认为HRM措施可以为企业提供商业利益、带来新的发展机遇、是一种战略性资源等；高管参与则主要体现在高管团队是否参与HRM战略规划、共享HRM愿景、为HRM提供资源和便利的制度环境、确保HRM系统与业务的一致性、积极参与HRM活动、持续关注HRM系统的使用情况等。

已有研究表明，高管支持对系统成功实施有重要贡献，鉴于HRM系统是企业重要的子系统之一，我们可以初步推断高管支持有助于提升人力资源管理系统的强度。结合HRM强度的特性进一步分析可以发现，如果人力资源管理活动能够得到企业高管的支持，或者HR经理在高层任职，就可以大幅度提高HRM的职权正当性，增强员工对HRM的认可，从而形成共同观念。另外，高管确保HRM系统与业务的一致性，体现出高管团队要求HR部门要保证HRM信息的一致性，使各项措施之间互不冲突，避免产生认知偏差。高层管理者参与 HRM 战略规划、共享愿景等行为，体现了人力资源管理决策者之间的共识性，有利于员工在 HRM 活动中形成对组织人力资源管理的共同感知和普遍认同。经过以上分析，我们发现，高管支持不仅可以使 HRM 决策者达成共识，提高 HRM 的职权正当性，还可以确保 HRM 信息传递的精确性、有效性，使员工对 HRM 信息产生一致的理解和共同的认可，增强人力资源管理强度。基于此，我们提出以下假设：

假设 2：高管支持对人力资源管理强度有正向影响。

5.1.1.4　HR 经理的向下沟通与人力资源管理强度

相关调查显示，沟通不善引起了管理中约 70% 的问题，可见沟通对于组织来说，如同人体中的血液，起着至关重要的作用。著名管理学家明茨伯格和彼得·德鲁克都把沟通看作管理的一项基本职能，认为无论是战略的制定、任务的执行，还是部门间的协作、与利益相关者的联系等，都离不开沟通。管理者与被管理者的有效沟通是管理艺术的精髓，有利于员工与组织构建和谐稳定的心理契约，提高组织凝聚力，进而提升整个企业的竞争优势。

根据对已有文献的整理，"沟通"的定义主要有信息共享观、互动交往观、劝说影响观等观点。概括来讲，沟通是人们通过语言或非语言等方式交流事实、观点等，实现信息与知识的共享，并对沟通双方产生影响的过程。按照沟通的方向来分，沟通可以划分为上行沟通、下行沟通、水平沟通、交叉沟通，本书将主要探讨"下行沟通"（Downward Communication），即上级向下级传递信息，并接受下级反馈的过程。由于个体性格、理解能力等的差异性以及所处环境的复杂性，使信息沟通过程中难免出现信息失真、信息丢失、信息扭曲等问题，这就要求沟通主体具备较高的沟通能力。

中小企业的 HR 经理作为企业的高层管理者，在人力资源管理战略工作的开展中起着至关重要的作用，不仅要准确获取和理解 CEO 等直接上级的命令，更要将信息及时准确地传达给下级。HR 经理向下沟通的主要对象为 HR 部门员工及其他部门主管，二者之间的沟通效果将直接影响信息传递的流畅性与准确性，进而影响员工感知到 HR 战略的一致性，决定企业人力资源工作的开展是否顺利，并最终对 HRM 措施实施的效果（人力资源管理强度）产生影响。具体分析如下：HR 经理在向下沟通时应首先保证所提供信息的准确性，并清晰地传递给下级，从而提高 HRM 措施的可理解性，更易达成共识。HR 经理还应与下级进行充分沟通，使其真正清楚 HRM 作为管理工具的因果关系，并且要保证人力资源管理信息的一致，使各项 HRM 措施互不冲突，防止产生认知分歧，从而提高下属对 HRM 措施感知的一致性。另外，HR 经理在向下沟通时还应学会倾听来自下属的声音，给予其决策发言权，从而提高员工对人力资源管理的公平感知，增强认同感。综上分析，HR 经理向下沟通的有效性不仅可以提高 HRM 系统的可理解性、充分性，保证 HRM 信息的一致性，还可以提高员工对 HRM 的公平感知，从而增强人力资源管理强度。基于此，我们提出以下假设：

假设 3：HR 经理的向下沟通对人力资源管理强度有正向影响。

5.1.2 研究设计与案例背景

5.1.2.1 研究方法

人力资源管理是一个复杂的、涉及"选人、用人、育人、留人"等方面的系统，另外，由于中小企业所处发展阶段的差异，其人力资源管理发展情况可能各具特点且各不相同，因此，有关中小企业人力资源管理的研究将更加复杂，很难通过单一的问卷调查等定量方法全面反映其实践过程，也难以具体分析其HRM措施。鉴于此，本书选择案例研究方法。作为一种常用的定性研究方法，案例研究更贴近现实，所获取的信息更翔实，对管理实践的描述更生动，分析更聚焦。综观已有研究，尚未发现涉及人力资源管理强度影响因素及其作用机制的研究，因此本书选择更易深入挖掘、提炼规律的单案例研究方法。

案例研究所选择的对象应具有典型性，以利于理论的验证，从而有效地指导企业实践。另外，还要保证案例素材的可得性，便于开展全面、深入的分析，使研究顺利进行。××企业业绩突出，受到社会各界的广泛认可。该企业强调凝聚人心，焕发员工的归属感、积极性和创造性，员工满意度普遍较高，离职率远低于行业平均水平。若能解析出到底是何种经营理念、运营模式营造了如此和谐的企业氛围，创造了如此优异的绩效，定能有效指导其他企业的发展。另外，该企业的多位高层管理人员在作者所属高校就读EMBA，且作者与该企业关系良好，具有稳定、成熟的企业合作基础，这些都为一手资料的获取、调研与访谈提供了资源保障。基于以上分析，我们最终选择××企业为案例研究对象，采用理论驱动型的分析路径探讨人力资源管理强度的影响因素。首先基于已有理论构建研究框架，其次在文献梳理和逻辑推理的基础上提出假设，最后利用企业的相关资料（媒体报道、制度文件、访谈等）来验证和发展理论。

5.1.2.2 资料收集

为保证所获取信息的有效性、准确性，本书主要通过以下三个渠道获取资料：

（1）内部文件。包括企业制度文件、内部刊物等组织层面的资料，以及HRM规章制度、HR部门会议纪要等HRM方面的资料。

（2）公开资料。包括媒体报道、媒体对董事长的采访资料、高管的讲话资料、公司官网信息以及有关学术文章等。

（3）访谈。主要是对企业高管、职能部门负责人和部分员工的访谈。为保证访谈与研究主题的相关性，我们还事先准备了访谈提纲，对被访者进行半结构化访谈。2014年1~5月进行了几次访谈，被访谈对象为企业CEO、人力资源管理部刘经理以及部分员工，由2名研究人员记录访谈内容。为确保访谈信息的准确性和完整性，保证在每次访谈后12小时内整理好访谈记录，并进行初步分析。

5.1.2.3 案例分析

通过对内部文件、公开资料和访谈记录的初步分析，我们发现该企业常重视人力资源管理对企业发展的战略意义。那么，该企业的人力资源管理强度到底如何？具体体现在哪些方面？哪些因素可以影响人力资源管理强度的大小？我们将根据如图5-1所示的理论框架展开解码分析。

在前面的案例背景下，我们已经总结出该企业强调凝聚人心，使员工产生归属感，激发员工的积极性、主动性和创造性，员工满意度普遍较高，离职率远低于行业平均水平。进一步分析访谈记录，我们发现该企业的HR部门在向其他职能部门及HR部门员工传递HR措施时误差较小，能够很好地被其理解并贯彻执行，可见其HRM系统的独特性较高。另外，HR刘经理表示，企业的HRM措施不会经常变动，相对一致，并设立"年终奖"奖励表现突出的员工，开展竞聘上岗活动，使员工清楚HRM作为管理工具的因果关系，可见其HRM系统的一致性较高。高层管理人员参与制定HRM政策，且员工具有较高程度的公平感知，可见其HRM系统的共识性较高。综上所述，企业的HRM系统实施效果较好，强度较高。

（1）CEO的授权型领导。通过对现有研究的梳理，刘成敏（2010）总结出授权型领导主要体现在榜样作用、培训员工、相信下属、信息沟通、团队关注、给予自治、鼓励参与、承担责任、自我监督、自我激励 10 个方面。在访谈过程中,我们发现其总经理丝毫没有领导架子,非常耐心地跟我们谈他的管理经验、未来规划,并积极参加各类培训,不断完善自己,他的学习和工作热情是所有员工的榜样。另外,该企业还出资让十几名高层管理人员攻读山东大学 EMBA 学位,提升高管团队的管理技能,足见其对高管团队的重视。总经理谈到,在最近一次整改中提拔了 3 个"80 后"担任总经理助理,充分相信下属能力,大胆起用年轻人,将更多权利下放到中高层管理人员手中。HR 刘经理告诉我们,公司在制定重大决策时,都会让他代表 HR 部门参加会议,在日常工作中拥有较大的自主决策权,只是需要向总经理汇报某些特殊情况(如重要职位的人事任免)。以上事实描述显示,该企业的 CEO 是一位典型的授权型领导风格的总经理,不仅以身作则,还充分相信下属,为高管提供技能培训,赋予 HR 经理较高的自主权,鼓励 HR 经理参与决策等,可以促使 HRM 决策者达成共识,提高 HR 经理的职权正当性,从而有效增强人力资源管理强度。这证实了 CEO 授权型领导对人力资源管理强度的积极作用,为假设 1 提供了支持。

(2)高管支持。高管支持反映高管团队是否认识到了 HRM 系统的重要性,以及其是否积极参与 HRM 相关活动,主要包括高管信念和高管参与两个维度。财务部门李经理在访谈中提到,公司实施的一系列 HRM 措施可以带来商业利益,提高企业绩效。李经理认为 HR 可能给公司带来新的发展机遇,很有必要把 HR 提到战略的高度,她说:"我感觉企业当前遇到了一定的人才'瓶颈',所以现在领导、高层开始逐渐重视 HR 的发展,将 HR 看作企业发展的一个机会,算是朝阳产业。"HR 刘经理对其表示赞同,并告诉我们,目前在部门设置、人员编制、员工晋升渠道等方面,HR 已经很好地结合了企业的发展战略。在谈到 HR 政策如何制定与执行时,他说:"企业的 HR 政策是由高层和我们部门共同制定的。另外,我们部门还会与其他部门讨论,结合各个部门的特点制定政策,整合资源。政策制定后,我们会将指令下达到各职能部门,然后再由各部门传达给员工。各部门如有疑问,可以反馈给上级部门,再做出相应调整。"以上访谈记录显示,企业的高层可以充分认识到 HRM 系统的重要性,并积极参与 HRM 的相关活动,使员工感受到 HRM 的一致性和共识性,有利于提高人力资源管理强度。这证实了高管支持对人力资源管理强度的积极作用,为假设 2 提供了支持。

(3) HR 经理的向下沟通。HR 刘经理向下沟通的主要对象为各部门主管,其沟通效果将直接影响信息的流畅性与准确性,并最终对人力资源管理强度产生影响。该企业能否准确向其众多部门传达 HRM 信息,将直接影响其是否能发挥企业的整体效益。针对这一问题,HR 刘经理在访谈中说到:"我们的办公区域较为集中,办公室都在一个楼上,各个部门的人员沟通很方便,可以随时交流。有些是日常业务构建的沟通渠道,有些是个人关系较好。"企业的办公区集中化特色,为 HR 经理的向下沟通创造了畅通的沟通渠道,保证了 HRM 信息传递的准确性,提高了 HRM 措施的可理解性,而且人力资源管理部门可以及时获得下级对 HRM 措施反馈,从而尽可能消除认知分歧,增强共识性,最终有利于人力资源管理强度的提高。这证实了 HR 经理的向下沟通对人力资源管理强度的积极作用,为假设 3 提供了支持。

5.1.3 结论、启示与局限

5.1.3.1 结论与启示

本书从中小企业高管行为的视角出发,以山东省一家中小企业为例进行案例研究，探讨了人力资源管理强度的影响因素。研究结果表明，CEO 授权型领导、高管团队对人力资源管理的支持、HR 经理的向下沟通都可以有效提高企业的人力资源管理强度。

  本书的研究结果具有重要的理论意义。第一，目前对人力资源管理强度的研究只关注了其作用结果，尚未涉及人力资源管理强度影响因素及其作用机制。另外，对 HRM 的研究也多集中在 HRM 措施本身，而对于措施的实施过程及其效果（如人力资源管理强度）的研究较少。本书结合中小企业的特性，开拓性地探讨了中小企业人力资源管理强度的三个影响因素——CEO 的授权型领导、高管支持、HR 经理的向下沟通，不仅可以填补人力资源管理强度前因研究的空白，还可以拓宽中小企业人力资源管理研究的视角。第二，已有的关于授权型领导结果变量的研究大多关注个体与团队层面，对组织层面的关注相对较少，本书探讨的人力资源管理强度是组织层面的变量，可以有效充实授权型领导效能结果的研究层面。第三，现有研究对高管支持的理解尚不统一，有关高管支持对系统影响的研究也大都集中在信息化情境下，未有研究涉及高管支持对 HRM 系统的影响，本书的人力资源管理强度不仅可以进一步界定高管支持的概念和维度，还可以有效拓宽高管支持效能结果的研究情境。

  同时，本书的研究结果具有重要的实践意义。在市场竞争日益激烈的今天，人力资本逐渐成为企业的关键资源，决定了其是否能与竞争对手抗衡，占据优势地位。特别是对于中小企业，其面临内部的资金管理制约与外部行业竞争的双重压力，处于不利的市场地位，更需要通过有效发挥 HR 的主动性与创造性构建核心竞争力，使之在竞争激烈的市场环境中获得持续生存与发展。而本书对中小企业人力资源管理强度影响因素的探讨，可以为其 HRM 实践提供有力指导，通过实施 CEO 授权型领导、增强高管团队对人力资源管理的支持、鼓励 HR 经理的向下沟通，帮助其提高人力资源管理强度,让员工充分理解并认可企业的 HRM 措施,达成个人目标和组织目标的一致,使其真正认同企业的发展战略,更好地服务于企业,进而提高企业绩效,使其获得持续的竞争优势。

5.1.3.2 局限与展望

然而,由于各种主客观因素的影响,本书不可避免地存在一些局限之处,后续研究可以继续加以完善:首先,本书采用定性的案例研究方法,未开展问卷调查等定量研究,虽然保证了分析过程的丰富性、深入性,却缺乏大样本分析的科学性与严谨性。后续研究可以采取定性和定量相结合的研究方法,以提高研究结论的效度。其次,本书采用的是单案例研究方法,在聚焦分析的同时却降低了研究结果的普适性。未来可以考虑使用多案例分析方法或定量的实证研究,以得出更为普适的结果。最后,本书只是从中小企业高管的角度研究人力资源管理强度的前因,且未加入中介和调节变量具体研究其作用机制。未来研究一方面可以拓宽研究视角,如部门主管、基层员工视角等,发掘更多层面的影响因素;另一方面可以基于不同的理论探索作用路径,如心理契约理论、资源基础理论等,丰富人力资源管理强度前因变量的作用机理。

5.2 高强度人力资源管理系统构建与企业创新
——基于我国中小企业的实证研究

本书以我国中小企业为研究对象,探讨企业人力资源管理强度的关键影响因素以及作用后果。对 118 个中小企业的实证研究表明,员工之间的社会互动和企业放权式管理是企业进行人力资源管理强度建设的关键因素。高强度的人力资源管理系统能够有效激发中小企业员工的创新行为，提高其组织承诺感，以及企业整体的创新绩效。

5.2.1 引言

如何建立行之有效、符合自身特点的人力资源管理制度一直是中小企业亟须解决的重要管理问题（孙健敏、穆桂斌，2009；Cardon 和 Stevens，2004）。在实践中，中小企业的 HRM 容易陷入几个误区。一方面，有的中小企业为追求管理的"灵活性"，HRM 随意性强，重视不足。另一方面，有的中小企业为提升管理规范性而过度移植大企业 HRM 制度，忽视自身特点。而这两方面问题的共同存在使中小企业人力资源管理制度的协调性和系统性较差。例如，主观随意制定的 HRM 制度和移植自大企业的制度存在冲突。同时，随意制定的制度之间，以及由大企业移植而来的制度之间也缺乏协调性。避免陷入这些误区是建立有效 HRM 制度的重要前提。因此，如何指导中小企业摆脱上述困境值得人力资源管理理论研究更多地关注和探索。

近年来，Bowen 和 Ostroff（2004）提出的人力资源管理强度（Strength of HRM System）的概念及相关理论的发展能够为解决中小企业 HRM 问题提供指导。同时，探讨中小企业人力资源管理强度的建设（前因）与作用效果也能够推动这一领域的理论进步。人力资源管理强度是指人力资源管理系统所具备的关键特征（独特性、一致性、共识性）在创造高强度情境，传递清晰一致的管理信号，进而统一和增强员工为战略服务的态度与行为等方面的总体效能（Bowen 和 Ostroff，2004；宋典等 2013；唐贵瑶、贾建锋和魏立群，2013）。中小企业 HRM 需要在管理灵活性和规范性两个方面平衡，而建设高强度的人力资源管理系统则有助于做到两者兼顾。高强度的 HRM 系统主要强调 HRM 系统要具备相应特征（Bowen 和 Ostroff，2004），并不拘泥于某些措施的有无，因此能够给予中小企业在 HRM 系统设计上最大的灵活性。同时，因为有上述特征作为原则和规范，中小企业在人力资源管理系统设计时可以有章可循，保证系统的规范性。另外，高强度的 HRM 系统对一致性（Consistency）的强调则有助于克服中小企业 HRM 措施协调性的问题。

鉴于高强度的 HRM 系统对中小企业的重要性，本书将对中小企业如何建立高强度的 HRM 系统，即人力资源管理强度的前因及作用后果进行探讨。由于高强度的 HRM 系统需要企业高层领导者和员工上下一心、协同共建，我们分别从员工之间的互动以及权利配置方面对中小企业高强度 HRM 系统建设的前因因素进行研究。以往理论研究表明，高强度的 HRM 系统能够为企业带来多方面的积极影响（如员工满意度、组织认同感等）（李敏、刘继红和 Frenkel，2011）。本书则重点探讨中小企业人力资源管理系统对创新的影响，并将员工个体层面的创新以及企业层面的创新纳入研究框架，以便更充分地反映企业创新的"全貌"。虽然以往研究已经对人力资源管理强度及企业自主创新进行了定性的初步探讨（李鹏程，2014），但多以大型集团公司为研究对象，并且采用案例研究方法，其结论的外部效度具有一定的局限（李鹏程，2014）。本书针对 118 家中小企业进行定量分析，相对于案例研究具有更强的外部效度，有助于弥补以往研究的不足。另外，中小企业往往欠缺自主创新能力，探讨更为宽泛的创新绩效可能更加贴近中小企业管理实际。总之，中小企业的竞争方式（Chen 和 Hambrick，1995）以及人力资源管理制度与大企业有着根本性差异，因此有必要以中小企业为研究对象进行相关理论探索。理论模型如图 5-2 所示。

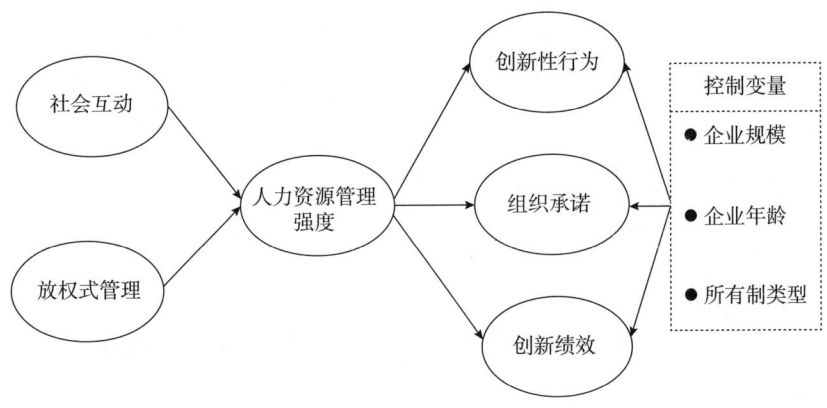

图 5-2　理论模型

5.2.2　文献回顾与假设推演

5.2.2.1　中小企业人力资源管理系统强度的前因

从人力资源管理强度的内涵可以看出，高强度人资管理系统的关键功能包括创造高强度的情境和传递统一明确的情境线索（如管理信号）（Bowen 和 Ostroff，2004）。根据情境理论，强情境能够促使情境中的个体做出趋于一致的行为，因为强情境对个体的期望、要求、规定等均清晰而明确，个体对情境线索的解读也是一致的（Mischel，1973，1977）。人力资源管理强度就是该系统在企业中所创造的情境强度（Bowen 和 Ostroff，2004）。实现高强度情景的创造，人力资源管理系统具备三个特征，即独特性、一致性和共识性（Bowen 和 Ostroff，2004）。Bowen 和 Ostroff（2004）对上述三个特征以及其对于创造高强度情境的作用已有讨论（宋典等，2013；唐贵瑶等，2013；李鹏程，2014），这里仅作概括说明：第一，人资系统具备独特性才能更为深刻地反映在员工的认知系统中,这直接影响员工对情境强度的感知;第二,一致性能够保证情境线索统一,避免员工对人力资源管理措施的多样化解读;第三,共识性保证 HRM 的参与主体对 HRM 措施的认识相同,理解统一。

本书对人力资源管理强度前因的探讨,主要从员工之间互动以及权力配置结构视角展开。HRM 系统的建设需要由嵌入在系统中的所有主体来完成。在此过程中,各方主体之间存在不断互动,这种互动的性质与各方主体之间的权力配置结构密切相关。具体而言,我们认为员工之间的社会互动(Social Interaction)以及企业的放权式管理(Devolved Management)(反映管理者与员工之间的权力配置)是影响人力资源管理强度建设的重要因素。

(1)员工社会互动与中小企业人力资源管理强度。人力资源管理强度相关理论强调全体员工的共同参与,所以员工之间的社会互动(Social Interaction)是影响人力资源管理强度的重要因素。第一,根据社会信息处理的观点(Social Information Processing Perspective)(Salancik 和 Pfeffer,1978),员工的态度与行为会受到其周围社交环境中的信息的影响。在社会互动过程中,员工之间互相提供影响各自行为的社会信息(Social Information),使不同员工对人力资源管理措施的理解趋于一致,达成共识(Shared Understanding)。而对 HRM 措施理解的统一性是高强度 HRM 系统的重要特点(Bowen 和 Ostroff,2004)。反之,如果员工之间缺乏交流想法的机会和途径,则很可能对同一 HRM 措施产生不同的理解,对 HRM 措施伴随的管理层期望和战略要求也不清楚或理解各异,最终形成一个人力资源管理的"弱情境"(Weak Situation)。弱情境难以产生出统一思想和统一行为的力量。具体表现为员工对公司的文化、导向等有不同的理解和不同的声音,员工的行为以及目标也各不相同。第二,员工社会互动对人力资源管理强度的影响还可以从"吸引—选择—损耗"（ASA）模型的视角进行探讨。员工的社会互动过程是信息分享、情感交流、观点碰撞等一系列过程的综合体，所以员工之间的社会互动能够通过加速"吸引—选择—损耗"（Attraction-Selection-Attrition）的过程（Schneider，1987），来促进人力资源管理强度的提高。员工社会互动频繁促使统一的企业氛围形成，进而有利于吸引与企业氛围相符合的新员工加入。同时，那些与企业氛围不匹配的员工则会在互动过程中被孤立，最终离开企业。总之，人力资源管理系统的强度是一种情境强度，员工的社会互动使信息在不同员工之间流动和共享，使大家对某一管理问题的认识和看法趋于一致，最终形成高强度的"情境"。因此，我们提出以下假设：

假设4：员工社会互动与中小企业人力资源管理强度正相关。

（2）放权式管理与中小企业人力资源管理强度。放权式管理（Devolved Management）是指将本属于高层的权力下放到更低层次上，因此本质上属于管理者和被管理者的一种权力配置，也反映了企业整个管理体系的一种权力结构（Budhwar，1998；Tang、Wei、Snape和Ng，2015；Jackson和Alvarez，1992）。放权式管理能够提升人力资源管理强度主要是因为：第一，放权式管理能够有助于建立和强化公司管理人员和员工的共识。放权式管理使员工在HRM措施制定和执行过程中有更多的话语权，因此，最终的HRM系统是建立在管理者和员工的共识基础之上的。高强度的HRM系统强调各方参与者的共识（Consensus）（Bowne和Ostroff，2004），这样的HRM系统相对于仅反映管理者一方意愿的管理系统更具有情境强度。因为伴随这一系统的是管理者和员工对人力资源管理举措统一的认知和解读，而非其中任何一方片面的理解。第二，权力可以有效调动员工参与管理的积极性，有利于企业愿景、使命以及管理理念的贯彻实施。研究表明，员工的工作自主性是其工作参与感（行为）的重要影响因素（Breaugh，1985；Gagné，2009）。充分的授权使员工更加具有主人翁意识。因此，基于放权式管理的权力配置结构能够有效地将员工和公司管理人员的利益出发点一致化。这样一来，员工主动接受和执行公司愿景与战略的积极性便在更高程度上得以调动，形成全员理解、共识、参与和贯彻的"强氛围"。因此，我们提出以下假设：

假设5：放权式管理与中小企业人力资源管理强度正相关。

5.2.2.2 中小企业人力资源管理系统强度的结果

人力资源管理强度的作用结果也是亟须研究的议题，而创新是企业，特别是中小企业生存和发展的重要前提。因此，我们的研究聚焦于人力资源管理强度和创新的关系上。具体而言，我们从员工层面和企业层面分别探讨人力资源管理强度的后果。从员工层面，我们将探讨人力资源管理强度对员工组织承诺的影响。员工个体的创新行为是企业层面创新的重要基础，而较高组织承诺则能够为员工的创新活动保证足够的投入和持久动力（Ng、Feldman和Lam，2010；李鹏程，2014）。

虽然无论是中小企业还是大型企业中，员工的创新行为具有一定的共性，但中小企业员工的创新行为也有着自身独有的特点（Damanpour，1992；Laforet，2008）。首先，中小企业创新的方向性并不明确。由于企业尚未形成全体员工共同理解和接受的发展方向，中小企业员工的创新行为并无相关的来自企业战略方面的依据可循。这种情况可能有利于员工的自由探索，但更重要的是，员工可能因为不清楚企业方面的要求而停滞不前或做"无用功"。其次，相对于大企业，中小企业创新面临着更强的资源约束性。大型企业往往拥有更多的组织冗余资源（Burgeois，1980；Kumar、Boesso、Favotto和Menini，2012），而中小企业则资源匮乏。这种客观条件上的资源约束使中小企业员工的创新积极性下降。因此，无论是方向模糊还是资源约束，都是影响中小企业员工创新积极性的症结。高强度的HRM

系统是消除以上症结的重要制度保障。首先，高强度的 HRM 系统能够传递一致而稳定的信号，从而使员工对企业战略发展方向的理解趋于统一。这样员工便不会因为企业发展方向的不清晰而在创新方面停滞不前。其次，由于高强度的人力资源管理系统传递了关于企业所需要和鼓励的行为的清晰统一的管理信号，中小企业有限的资源也会被集中使用，使员工创新行为得到更大的支持，能够有效地克服资源约束的症结。总之，从以上两个角度来看，高强度的人力资源管理系统能够帮助中小企业有效克服员工创新面临的困境，因此，我们提出以下假设：

假设 6：中小企业人力资源管理强度与员工创新行为正相关。

虽然以往文献中对人力资源管理强度和员工组织承诺的关系已有相关讨论（李鹏程，2014），但相关结论是以大型企业为考察对象，依据定性研究得出，并未专门探讨中小企业的情况并进行定量检验。本书则将研究对象聚焦于中小企业，并对研究假设进行定量检验。相对于大型企业，中小企业提升员工的组织承诺面临更多的挑战。因此，中小企业员工往往组织承诺较低，员工流动性也相对较大。但在中小企业中，提升人力资源管理强度仍然是强化员工组织承诺的有效手段。李鹏程（2014）认为，人力资源管理强度影响组织承诺具体表现在两方面：一方面，员工会通过提升自身的组织承诺来回馈高强度的 HRM 系统带来的支持感；另一方面，高强度的 HRM 系统通过公平统一、具有公信力的 HRM 措施来建立员工与组织之间的高度互信，从而增强员工的组织承诺，使其更愿意继续留在组织中（Steers，1977；Porter、Steers、Mowday 和 Boulian，1974）。具体到中小企业，员工流动性大，因此更加需要高强度的人力资源管理系统及时有力地凝聚人心、强化员工与组织的情感。因此，我们提出以下假设：

假设 7：中小企业人力资源管理强度与员工组织承诺正相关。

员工创新行为是企业层面创新的前提，但是单个、零星的员工创新行为并不足以催生企业层面的创新。如果缺乏统一的企业战略、愿景和强有力的价值观导向，员工容易各行其是，在创新方面做出的努力也难以得到聚合，就无法实现真正意义上的博采众长，群策群力。由于中小企业往往存在战略不清晰、企业文化尚未成型等问题，员工即便存在创新行为，也较难上升为企业层面的创新成果。我们认为，这一问题可以通过增强 HRM 系统强度解决。HRM 系统在企业战略贯彻执行中发挥着至关重要的作用（宋典等，2013），人力资源管理强度越强，企业高层的战略意图和价值观贯彻的效果越好（李鹏程，2014），员工行为越具有目的性和聚合性。因此，具有良好强度的人力资源管理系统能够有效地把单个员工的创新精神和创新行为凝聚到企业发展的战略方向上来，从而汇聚成企业层面的创新成果。

假设 8：中小企业人力资源管理强度与企业创新绩效正相关。

5.2.3 研究方法

5.2.3.1 研究样本

本书以中小企业作为研究对象。在本次调查中，我们共向 315 家企业发出问卷，有效收回了 118 家企业样本供后续假设检验分析。企业人力资源部的工作人员及研究助理参与了问卷的发放和回收工作。在这 118 家企业中，回收了来自 240 名员工、118 名总经理完整填写的问卷。在样本结构方面，员工以男性居多（占 61.3%），且青年人占了绝大多数；16.1% 的员工年龄低于 26 岁，27.3% 的员工在 26~30 岁，26.0% 员工在 31~35 岁，17.4% 的员工在 36~40 岁，7.0% 的员工在 41~45 岁，3.3% 的员工为 46~50 岁，0.4% 的员工为 51~55 岁，1.6% 的员工为 56~60 岁，0.8% 的员工在 60 岁以上。在学历方面，10% 的员工拥有初中及以下学历，19.2%

的员工拥有中专学历，16.7%的员工拥有专科学历，2.5%的员工拥有高中学历，45.8%的员工拥有本科学历，5.8%的员工拥有研究生学历。而且，所有被调查员工的平均工作年限为6.39年。

5.2.3.2 变量测量

为确保测量工具的效度及信度，本书在社会互动、放权式管理、人力资源管理强度、员工创新行为、组织承诺和企业创新绩效等概念的操作及测量方法上，均采用现有文献已使用过的量表，再根据本书的目的加以适当修改，量表如附录所示。除非特别说明，所有的变量均采用李克特五点评分法进行评价（1=非常不同意；2=不同意；3=中立；4=同意；5=非常同意）。由于所有的量表均来自国外，本书运用了"双向翻译"的方法以最大限度地保证翻译的准确性（Brislin，1980）。具体来说，我们先让一位管理研究者将这些量表翻译成中文，然后再找另一位研究者翻译成英文。最后，在问卷正式定稿之前，我们邀请了精通英语的管理学者对问卷进行阅读，以获取他们对问卷内容正确性和说明清晰性的意见，从而纠正题项中的不当措辞，根据他们的意见进行最后定稿。

社会互动：采用Vicente González-Romá、José M. Peiró和Núria Tordera（2002）的3个题项的量表来测量社会互动，该量表在本书中的信度系数（Cronbach's α）为0.85（大于管理学研究中常用的0.70），这表明该量表具有良好的信度。具体题项包括"我会经常和同事讨论工作目标"等。

放权式管理：采用了Tang等（2014）的3个题项的量表来测量放权式管理，该量表在本书中的信度系数为0.85，这表明该量表具有良好的信度。具体题项包括"公司领导善于向下属分享权力"等。

人力资源管理强度：采用了Delmotte（2012）的31个题项的量表来测量人力资源管理强度，该量表在本书中的信度系数为0.97，这表明该量表具有良好的信度。具体题项包括"在我们公司，员工不会因为他们和人力资源部的员工是朋友而受到优待",等等。

员工创新行为:采用 Scott 和 Bruce(1994)的 6 个题项的量表来测量员工创新行为,该量表在本书中的信度系数为 0.92,这表明该量表具有良好的信度。具体题项包括"我会为了实施新想法而制定所需的计划和安排"等。

组织承诺:采用 Chen 和 Francesco(2003)的 7 个题项的量表来测量员工组织承诺,该量表在本书中的信度系数为 0.92,这表明该量表具有良好的信度。具体题项包括"我很乐意以后一直在这个组织工作""我喜爱这家组织胜过喜爱别的企业组织"和"这个组织对于我个人来说意义非同一般"等。

企业创新绩效:采用 Luca 和 Atuahene-Gima(2007)5 题项量表来测量企业创新。量表题目包括"与既定目标相比,我们公司的产品和服务发展满足市场需要"等。量表在本书中的信度系数为 0.92,这表明量表具有良好的信度。

控制变量:本书将企业规模、企业年龄、所有制类型和行业类型作为控制变量处理。首先,企业规模应该作为控制变量。因为与规模较小的企业相比,规模较大的企业拥有更多的资源。企业规模调节企业战略与因变量之间的关系(Rueda-Manzanares 等,2008)。其次,企业年龄影响企业的销售增长,与成立时间较短的公司相比,成立时间较长的公司可能具有经验优势,从而有利于其更好地保持销售增长(Autio 等,2000)。鉴于此,本书将企业年龄作为控制变量处理。再次,所有制类型也是一个重要的控制变量,不同的所有制类型将导致不同的企业绩效(Douma, George 和 Kabir,2006)。在中国,国有企业的运营受到政府政治目标和社会目标的限制,这些目标包括维持就业、控制关键的战略产业和关键管理者的政治晋升激励等(Li 和 Tang,2010)。同时,与非国有企业相比,国有企业过多地依靠政府，不乐意承担风险，并且不会主动采取新的公司战略（Zhou等，2008）。因此，我们按所有制类型将企业分为国有企业和非国有企业，并进行编码。最后，行业类型应该作为控制变量处理。行业类型可以反映不同的环境因素，而环境因素会影响企业的绩效。因此，我们按行业类型将企业分为服务型企业和生产型企业，并进行编码。

5.2.4 数据分析和结果

5.2.4.1 验证性因子分析

为检验各变量的独特性，我们对关键变量进行验证性因子分析。由于样本规模相对测量题项数较小，我们运用了以往研究采用的方法（Hui等，2004），将每一个单维度的概念简化成三个观察指标，以达到减少题项的目的。基于因子分析结果，首先对每个概念中因子载荷最大和最小的题项取平均。其次对因子载荷次大和次小的题项取平均，直到所有的题项均归入相应的指标。每个指标的值等于构成这个指标的所有题项的均值。最后对社会互动、放权式管理、人力资源管理强度、创新性行为、组织承诺和创新绩效进行验证性因子分析，在六因子模型、五因子模型（多个）与单因子模型之间进行对比。分析结果显示，六因子模型与数据吻合得比较好 $[\chi^2(120)=225.66, p \leq 0.01; CFI=0.94, IFI=0.95, RMSEA=0.087]$，而且这一模型与数据的拟合度要显著地优于五因子模型和单因子模型与数据的拟合优度（见表5-1），这表明测量具有较好的区分效度。此外，分析结果显示，六因子模型中所有题项的因子载荷系数都是显著的，这表明测量具有良好的收敛效度。

5 我国中小企业人力资源管理强度的实证研究

表 5-1 验证性因子分析结果

模　　型	χ^2	d.f.	$\Delta\chi^2$	IFI	CFI	RMSEA
六因子模型	225.66	120		0.95	0.94	0.087
五因子模型1：将社会互动和放权式管理合并为一个潜在因子	292.06	125	66.40**	0.91	0.91	0.107
五因子模型2：将社会互动和人力资源管理强度合并为一个潜在因子	260.14	125	34.48**	0.93	0.93	0.096
五因子模型3：将社会互动和员工创新行为合并为一个潜在因子	322.93	125	97.27**	0.90	0.90	0.116
五因子模型4：将社会互动和组织承诺合并为一个潜在因子	323.41	125	97.75**	0.90	0.90	0.116
五因子模型5：将社会互动和企业创新绩效合并为一个潜在因子	325.85	125	100.19**	0.90	0.90	0.117
五因子模型6：将放权式管理和人力资源管理强度合并为一个潜在因子	275.01	125	49.35**	0.92	0.92	0.101
五因子模型7：将放权式管理和员工创新行为合并为一个潜在因子	381.95	125	156.29**	0.87	0.87	0.133
五因子模型8：将放权式管理和组织承诺合并为一个潜在因子	360.63	125	134.97**	0.88	0.88	0.127
五因子模型9：将放权式管理和企业创新绩效合并为一个潜在因子	347.83	125	122.17**	0.88	0.88	0.123

续表

模　　型	χ^2	d.f.	$\Delta\chi^2$	IFI	CFI	RMSEA
五因子模型10：将人力资源管理强度和员工创新行为合并为一个潜在因子	399.35	125	173.69**	0.86	0.86	0.137
五因子模型11：将人力资源管理强度和组织承诺合并为一个潜在因子	328.86	125	103.20**	0.89	0.89	0.118
五因子模型12：将人力资源管理强度和企业创新绩效合并为一个潜在因子	346.38	125	120.72**	0.89	0.88	0.123
五因子模型13：将员工创新行为和组织承诺合并为一个潜在因子	409.95	125	184.29**	0.85	0.85	0.140
五因子模型14：将员工创新行为和企业创新绩效合并为一个潜在因子	362.24	125	136.58**	0.88	0.88	0.127
五因子模型15：将组织承诺和企业创新绩效合并为一个潜在因子	380.23	125	154.57**	0.87	0.87	0.132
单因子模型	686.10	135	460.44**	0.71	0.71	0.187

注：IFI是增量拟合指数；CFI是比较拟合指数；RMSEA是近似误差均方根。* $p \leqslant 0.05$；** $p \leqslant 0.01$。

5.2.4.2　共同方法变异

尽管上述六个变量由不同的评价者进行评价，共同方法变异仍可能存在。因此，我们遵循Podsakoff等（2003）的方法与步骤减小本书可能存在的共同方法变异。首先，我们承诺保证被调查者所提供信息的匿名性与保密性，从而减少了被调查者受评价恐惧和社会期许的影响。其次，为了减少被调查者对变量之间任何直接联系的知觉,我们在调查中采用了心理分离的方法,不同变量采用不同的说明,变量之间使用大量的填充题项,并且把它们分散到问卷的不同部分。最后,我们用 Harman 的单因子检验方法检验了共同方法变异对本书可能产生的影响,采用方差极大旋转的主成分分析方法确定一个单一的因子是否能解释大部分方差。我们发现不止一个因子的特征值大于1,其中第一个因子对总方差的解释达到51.85%。因此,我们认为共同方法变异对本书结果没有产生显著影响。

5.2.4.3 描述性统计和相关分析

从表 5-2 可以看到,社会互动与人力资源管理强度($r=0.70$, $p<0.01$)、放权式管理与人力资源管理强度($r=0.71$, $p<0.01$)显著正相关。同时,人力资源管理强度与员工创新行为($r=0.66$, $p<0.01$)、组织承诺($r=0.70$, $p<0.01$)和企业创新绩效($r=0.65$, $p<0.01$)呈现显著正相关。以上的结果与本书的研究假设是一致的。

5.2.4.4 假设验证

我们采用结构方程建模的方法来验证我们的假设。分析结果显示我们的理论模型得到了数据的支持($\chi^2[195]=326.98$, $IFI=0.93$, $CFI=0.93$, $RMSEA=0.076$),分析结果如图 5-3 所示。从图 5-3 中可知,社会互动对人力资源管理强度($\beta=0.57$, $p<0.01$)具有显著的正向影响,支持了假设 4;放权式管理对人力资源管理强度($\beta=0.43$, $p<0.01$)具有显著的正向影响,支持了假设 5。同时,假设 6 提出中小企业人力资源管理强度与员工创新行为正相关,分析结果显示人力资源管理强度对员工创新行为($\beta=0.70$, $p<0.01$)具有显著的正向影响。因此,假设 6 得到了数据的支持。假设 7 提出中小企业人力资源管理强度与员工组织承诺正相关,从图 5-3 我们可以看到,人力资源管理强度对员工组织承诺($\beta=0.76$, $p<0.01$)具

表5-2 各主要变量的均值、方差和相关关系[a]

变量	均值	标准差	1	2	3	4	5	6	7	8	9	10
1. 企业规模（取对数）	5.46	1.40	—									
2. 企业年龄（取对数）	2.72	0.69	0.28**	—								
3. 所有制类型	1.10	0.30	0.02	0.08	—							
4. 行业类型	1.68	0.47	-0.06	0.04	0.17	—						
5. 社会互动	3.84	0.66	0.13	0.16	0.11	0.16	(0.85)					
6. 放权式管理	3.76	0.76	0.15	0.21**	-0.06	0.17	0.57**	(0.85)				
7. 人力资源管理强度	3.90	0.63	0.03	0.10	0.11	0.24*	0.70**	0.71**	(0.97)			
8. 员工创新行为	3.83	0.71	0.02	0.13	0.10	0.27**	0.65**	0.47**	0.66**	(0.92)		
9. 组织承诺	4.21	0.66	0.12	0.08	0.03	0.13	0.59**	0.46**	0.70**	0.51**	(0.92)	
10. 企业创新绩效	3.94	0.63	0.03	0.17	0.07	0.17	0.57**	0.52**	0.65**	0.60**	0.51**	(0.92)

注：a 表示 n=118；** p≤0.01；* p≤0.05（双尾）。括号内的数值为量表的 Crohbach's α 系数。
企业所有制类型："非国有企业"=1，"国有企业"=2。
行业类型："生产型企业"=1，"服务型企业"=2。

有显著的正向影响。因此，假设 7 也得到了数据的支持。最后，我们的分析结果也支持了假设 8，从图 5-3 的结果可知，人力资源管理强度对企业创新绩效（β=0.72，p<0.01）具有显著的正向影响。

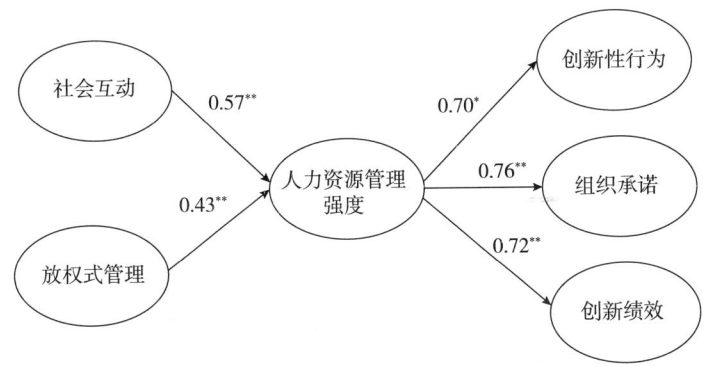

图 5-3　理论模型验证

注：**p≤0.01；*p≤0.05（双尾）。

5.2.5　讨论

5.2.5.1　理论启示

人力资源管理强度的概念自 Bowen 和 Ostroff（2004）提出以来并未获得学术界应有的重视。近年来，国内外学者逐渐认识到这一概念对于人力资源管理理论和管理实践的重要性。相关研究逐渐增多（宋典等，2013；唐贵瑶、贾建锋和魏立群，2013；李敏、刘继红和 Frenkel，2011；Delmotte、De Winne 和 Sels，2012）。但关于这一概念的实证研究仍然处于起步和快速发展的阶段。有关这一概念前因、后果以及其中的作用机制的完整理论框架尚未充分形成。因此，人力资源管理系统的强度的前因后果亟须探讨，这既是完善人力资源管理强度理论框架的需要，也是管理实践中人力资源管理系统建设的需要。本书对这一概念的研究具有以下理论意义和启示：

第一，本书聚焦中小企业，针对中小企业人力资源管理的特点以及面临的问题，探讨人力资源管理强度的前因后果，对中小企业和人力资源管理两个领域的研究都具有启示意义。以往关于人力资源管理强度的研究往往对大型企业和中小企业不加以明确区分（Bowen 和 Ostroff，2004）或者聚焦于大型企业。正如上文论及，中小企业人力资源管理与大企业有显著区别，面临的挑战和问题也不尽相同。因此，许多人力资源管理学者将中小企业作为单独的研究对象进行分析探讨（Cardon 和 Stevens，2004；Nguyen 和 Bryant，2004；Kotey 和 Slade，2005）。本书对中小企业的关注也顺应了这一发展趋势。在研究中明确区分企业规模以及研究对象的多元化有利于形成关于人力资源管理强度的更完整的理论框架。

第二，本书发现，员工的社会互动和企业的权力配置结构对高强度人力资源管理系统的建设具有重要影响。这一研究发现的意义首先在于拓展了人们对人力资源管理强度前因的认知。现有研究中对人力资源管理强度的作用后果关注较多（李敏、刘继红和 Frenkel，2011；Li、Frenkel 和 Sanders，2011），而对前因的研究并不多见，能够综合考虑多种因素的研究则更少。本书研究发现，人力资源管理强度的影响因素复杂而多元，并非单一因素所能决定。未来的研究可以继续探讨影响人力资源管理强度的其他因素。

第三，本书通过定量检验发现，中小企业的高强度 HRM 系统能够有效促进员工创新行为、组织承诺，并且能够使员工个体层面的创新行为汇聚成企业层面的创新成果。这一研究发现与之前研究中通过定性研究得出的结论相一致（李鹏程，2014）。同时，本书关于人力资源管理强度后果的探讨也在一定程度上弥补了现有研究中的相关不足。现有研究中往往关注高强度人力资源管理系统带来的员工态度的改变（李敏、刘继红和Frenkel，2011；Li、Frenkel和Sanders，2011），而本书则同时考虑了员工的态度和行为（组织承诺与创新行为）。另外，本书同时考虑了员工层面和企业层面的创新结果，并验证了相关假设。这启示未来的研究可以进一步探讨人力资源管理强度对企业各个层次的结果变量的影响。

5.2.5.2 实践启示

我国中小企业在近年来蓬勃发展，在解决就业方面起到了不可或缺的作用。人才是企业发展的最重要的动力，因此，中小企业HRM系统的完备性和有效性受到了管理者和研究者的日益重视。人力资源管理强度是衡量企业人力资源管理建设的综合质量和实施效果的重要标准（唐贵瑶、贾建锋和魏立群，2013）。因此，在我国中小企业中构建高强度的HRM系统显得非常重要。而对人力资源管理强度前因和作用后果的研究能够使各方主体（如学者、中小企业管理者、相关政府部门决策者）认识到中小企业进行高强度HRM系统建设的重要意义。

本书表明，建设高强度的人力资源管理系统需要变革企业的权力配置结构，合理的实施放权式管理。中小企业在实践中往往喜欢集权式管理，因为其规模小，人员少等特点也更容易实现集权。但本书的实证研究结果表明，这种方式并不利于人力资源管理强度的建立。集权式管理的初衷可能是为了实现企业的统一指挥、整齐划一，但当人力资源管理强度没有真正建立时，这种整齐划一只能是领导的"一厢情愿"，而非员工的"发自内心"。

除变革权力配置结构外，创造条件鼓励员工之间的积极互动也是建设高强度人力资源管理系统的重要方面。在这一方面，企业可以推行诸多配套措施。例如，建设"开放式"的办公空间，创造更多员工互相交流的机会；按照需求设置跨部门、跨职能的团队，使员工在完成工作任务的过程中不断互动；有目的地实施员工轮岗，一方面有利于训练员工多样化的技能，另一方面也有利于不同岗位员工之间交流想法和观点；在工作之外合理地组织文娱活动也能够起到增进员工社会互动的作用。总之，这些措施能使员工不断交流想法，分享观点，有利于提升员工在解读和阐释人力资源管理政策的一致性。

中小企业进行人力资源管理强度的益处得到了本书的支持。创新是企业发展的推动力。而中小企业在创新过程中面临着诸多困境，创新活动往往步履维艰，面临着缺乏资源、受到大企业的竞争压力等因素。这是组织理论中关于中小企业新进入缺陷（Liability of Newness）（Stinchcombe，1965）的体现。近年来的研究表明组织"正式化"过程是克服中小企业新进入缺陷的重要手段（Sine、Mitsuhashi 和 Kirsch，2006）。人力资源管理强度增加的过程是组织正式化的过程，但高强度的 HRM 系统并非一份一成不变的若干人力资源管理举措的处方清单，而是反映各个措施互相匹配的默契程度和实施效果。所以建设人力资源管理系统的过程是正式化过程，而不是僵化过程。这一特点使高强度的 HRM 系统能够帮助中小企业应对复杂多变的环境，通过持续创新最终获取竞争优势。

5.3 组织沟通质量对员工创新行为的影响及作用机制研究

5.3.1 引言

经济全球化加剧了企业面临的市场竞争。中小企业必须通过创新来获得持续的竞争优势。员工的创新行为是组织创新的源泉，对组织的生存和持续发展起关键的作用。如何激发员工创新行为已经成为学者和实践者关注的重要问题。然而，以往研究主要关注员工个体特征对其创新行为的影响，例如，Wolfradt 和 Perzt 研究了员工创新特质与创新行为之间的关系。近年来，组织因素对员工的影响日益受到研究者的重视。但是对组织内部因素的研究较少关注沟通对员工创新的作用，虽然我们都知道这些方面对员工创新具有重要影响。因此，本书提出组织沟通可能是员工创新行为的重要影响因素。

作为组织活动的一个重要组成部分，组织沟通质量已经受到我国企业界的广泛重视，但是我国的相关理论研究相对较少。如邓丽芳和郑日昌、张莉等分别探讨了组织沟通对员工工作压力和沟通满意度的影响；路琳和梁学玲探讨了人际沟通对创新行为的作用机制。此外，目前的研究对组织沟通与员工创新行为之间的关系关注较少。研究表明，开放的沟通有助于员工创新行为的产生。因此，本书研究组织沟通质量与员工创新行为之间的关系，以期从理论上进一步揭示组织沟通质量的作用效果，为中小企业激发员工创新行为提供指导。

另外，仅探究组织沟通质量对员工创新行为的直接影响是远远不够的，相关研究还应该探讨组织沟通质量影响员工创新行为的内在机制。为此，本书将进一步探究 HRM 强度在组织沟通质量与员工创新行为之间的关系中所起的中介作用，以期从理论上揭开组织沟通质量与员工创新行为之间的"黑箱"。研究表明，高质量的组织沟通有助于提高组织 HRM 水平，也能使员工更加有效地感知 HRM 政策和实践；有效的 HRM 能够激发和维持员工创新行为。而 HRM 强度是指 HRM 信息有效传递和 HRM 员工有效感知和认同的程度，实现高强度的人力资源管理是 HRM 取得成功的关键。因此，高质量的组织沟通可以帮助企业实现高强度的 HRM，进而激发员工创新行为。目前，越来越多的学者针对 HRM 质量的提高问题进行了探讨，但相关研究主要关注 HRM 的内容选择问题，相对忽视了对 HRM 具体实施过程的探讨。在现有研究中，关于人力资源管理强度的理论探讨和实证研究也非常匮乏。然而，只有被员工理解、接受和认同的人力资源管理措施才能真正起到改善员工态度和行为、提高企业绩效的作用。基于 Bowen 和 Ostroff、Delmotte 等提出"未来研究应该关注人力资源管理的实施过程，探讨人力资源管理强度与其影响因素和作用后果之间的关系"，本书探究人力资源管理强度在组织沟通质量与员工创新行为之间的关系中所起的中介作用，以期为未来研究深入探讨人力资源管理强度的影响因素和作用后果提供有益的参考。

尽管人力资源管理实践对员工创新行为的促进作用已经得到学者的普遍认同，但是，我们很难笼统地认为这种影响在不同情境下是相同的。根据 Ribeiro 等的研究，高强度的人力资源管理有利于激发员工灵活的、创新的行为。但与之相反的是，Bednall 等发现人力资源管理强度不利于员工创新行为的产生。因此，本书认为在人力资源管理强度与员工创新行为之间的关系中可能存在一些重要的调节机制。研究表明，授权管理有助于鼓励和支持创新的氛围形成，在这种组织氛围下，高强度人力资源管理更容易使员工感知到组织重视灵活性、适应性和创新性，并且能够形成共同的价值观念，进而表现出更多的创新行为。此外，当市场竞争激烈时，环境的高度不确定性往往使企业以往的规则和程序失去效力，不能有效地指导和控制员工行为。在这种情况下，高强度的人力资源管理将很难有效地激发员工创新行为。本书拟探讨授权管理与竞争强度在人力资源管理强度与员工创新行为之间的关系中所起的调节作用，以期进一步揭示人力资源管理强度对员工创新行为的作用机理，研究框架如图 5-4 所示。

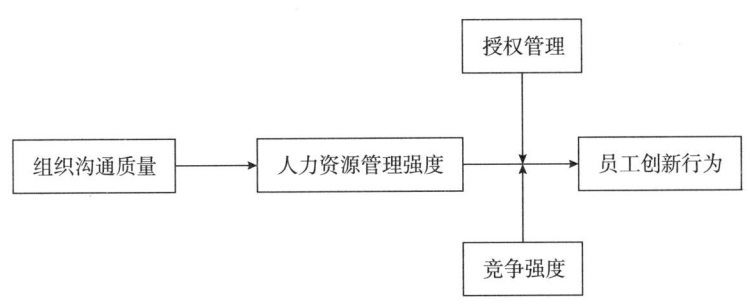

图 5-4　研究框架

5.3.2　研究假设与理论推演

5.3.2.1　组织沟通质量与员工创新行为

员工创新行为是员工在工作过程中提出有价值的构想或问题解决方案，并努力寻求支持将之付诸实践的行为。中国特有的文化情境下员工创新行为包括两个维度：创新构想的产生和创新构想的执行。第一个维度的行为包括员工为了提升工作、服务质量，提高技术水平，改进现有产品或发明新产品，寻求和发展创新机遇，并在此基础上提出构想或解决方案，进行可行性试验等行为表现。第二个维度的行为包括员工积极寻求他人支持，充分利用现有资源来实现创新构想等行为表现。

组织沟通是指组织成员通过相互交换信息和交流感情，形成共同的目标和利益，并团结合作实现组织目标的过程。研究表明，沟通质量的高低是影响个体行为的重要因素，开放的信息交流和沟通有利于激发员工创新行为。高质量的组织沟通有利于组织成员相互信任和尊重的形成，有利于知识、信息等资源的共享，进而有利于员工创新行为的产生。

首先，高质量的组织沟通有利于产生创新构想行为。高质量的组织沟通能够促进知识、经验和信息的共享与整合，有利于员工相互学习，从而激发员工产生创新构想。通过高质量的组织沟通，员工可以感受到上级和同事对自己的关爱、信任、尊重和支持，愿意与同事共享资源、交流经验，并且可以获得上级或同事有益的建议、反馈等，这些都会激发员工产生创新构想。其次，高质量的组织沟通有利于创新构想行为的执行。通过高质量的组织沟通，员工可以互通有无、交流思想，从而为其执行创新构想提供所需要的知识或信息。同时，高质量的沟通有利于员工获得上级和同事的信任和支持。在高质量的组织沟通环境下，信息的共享有助于激励员工更主动、更乐意承担风险，尝试新挑战，上级和同事的关爱和支持有利于调动员工的积极性和主动性。综上所述，我们提出以下假设欲加以论证：

假设 9：组织沟通质量对员工创新行为具有正向影响。

5.3.2.2 人力资源管理强度的中介作用

近年来，HRM 对企业绩效、竞争力的影响日益受到学者的重视。但是以往有关 HRM 作用效果的研究缺少对 HRM 具体实施过程的相关研究，大多数研究只关注 HRM 的内容选择问题。而只关注内容选择问题并不能有效地提高 HRM 活动的质量，HRM 措施是否能够高效执行，即人力资源管理强度问题同样应受到重视。人力资源管理强度是指人力资源管理信息有效传递和人力资源管理措施被员工有效感知和认同的程度。因此，对 HRM 强度的研究具有重要的理论意义和实践意义。然而，目前无论是理论探讨还是实证研究，学术界对 HRM 强度的关注都非常少。此外，在目前关于 HRM 强度的研究中，大多数研究探讨了 HRM 强度的影响因素、作用后果和调节作用。例如，Ryu 和 Kim 提出一线管理者的人力资源投入可以提高 HRM 强度；Sanders 等证实了人力资源管理强度有利于提高员工的感情承诺；Bednall 等探讨了 HRM 强度在员工感知到的绩效评估质量和员工非正式学习活动关系之间的调节作用。但是，以往研究没有探讨 HRM 的中介作用。基于此，本书首次探讨人力资源管理强度在组织沟通质量与员工创新行为之间的关系中所起的中介作用，以期为未来有关研究提供有益的参考。

根据第三章的文献梳理，我们可以发现博文和史洛夫的研究中将 HRM 强度分成三个维度：独特性、一致性和共识性。独特性指人力资源措施能够引起员工关注、激发兴趣的突出特点，包括可视性、可理解性、职权的正当性和相关性，即人力资源措施可观察性高，且易为员工理解，使员工感知到这些实践措施来源于正当职权且与重要目标高度相关。一致性指组织的各项人力资源管理措施向员工传递一致的信息，使员工对于组织期望的行为形成一致的归因，包括工具性、有效性和一致的人力资源管理信息，即较高的一致性，使员工明确人力资源管理措施期望的行为和员工及组织绩效之间清晰的因果关系。换言之，人力资源管理实践活动的效果符合其各项措施所设定的目标，且向员工传递一致的人力资源信息（管理者支持的价值目标和员工感知的价值目标的一致性、人力资源管理内在措施的一致性和长期稳定性）。共识性是指关于组织的人力资源管理措施员工的一致认知和普遍认同，系统公平性（程序公平、分配公平和人际公平）和人力资源管理决策者之间的一致性均会影响员工的共识达成。

目前，大多数关于 HRM 强度的相关研究只关注其作用效果，忽视了 HRM 强度的影响因素。唐贵瑶、魏立群和贾建锋提出，未来研究应探讨 HRM 强度的前因以更好地指导企业提高 HRM 强度。为弥补这一研究的不足，本书探讨组织沟通质量对 HRM 强度的影响。以往研究表明，高水平的组织成员沟通和讨论有助于提高氛围强度。高质量的组织沟通有助于提高组织人力资源管理水平。此外，Li 等提出沟通有助于员工有效感知 HRM

政策和实践。因此，本书认为组织沟通质量对 HRM 强度具有正向影响。

首先，高质量的组织沟通有利于提高独特性。在高质量的组织沟通环境下，员工之间的互动和交流更加频繁，员工可以清楚地表达自己对人力资源管理措施的意见和看法，并且可以获得上级和同事的意见和观点，从而有利于员工更好地观察到和理解人力资源管理措施。此外，高质量的组织沟通有利于员工共同身份认同的形成，有利于员工理解组织的战略目标，建立对人力资源管理目标的群体信心，提高个人目标与人力资源管理目标的相关性。其次，高质量的组织沟通有利于提高一致性。高质量的组织沟通有助于员工理解组织所奖励和期待的行为，认识到人力资源管理的因果关系。高质量的组织沟通也能够促进组织内部的信息交流和共享，有利于组织成员相互信任和尊重的形成，从而有利于减少人力资源管理者与员工的认知分歧，提高人力资源管理信息的一致性。最后，高质量的组织沟通有利于提高共识性。Ostroff 等曾提出组织沟通有利于员工共识的达成。在高质量的组织沟通环境下，知识、经验和信息的交流共享，信任、尊重和支持等友好关系的建立均有利于人力资源管理决策者达成共识。高质量的组织沟通也有利于提高员工感知的互动公平程度。通过高质量的组织沟通，员工可以表达自己的意见和看法，并且可以获得人力资源管理人员对人力资源管理政策和措施的解释，这些都可以提高员工感知的人力资源管理措施的公平性程度。因此，组织沟通质量是人力资源管理强度一个重要的前置因素，我们提出以下假设欲加以论证：

假设10：组织沟通质量对人力资源管理强度具有正向影响。

以往研究表明，组织中高效的 HRM 有利于员工创新行为的产生。高强度的 HRM 可以帮助员工感知 HRM 措施，有利于员工形成共同信念和认同感，从而有利于实现高质量的 HRM，取得人力资源管理的成功。因此，本书认为高强度的人力资源管理有利于员工创新行为的产生。

首先,在具有独特性的人力资源管理实践中,员工可以很容易地观察到人力资源管理的具体措施,如培训措施、员工援助计划等,并且可以清晰地理解这些措施,感受到上级支持人力资源管理,这有利于员工感知到企业为其提供了充足的外部资源支持,而充足的外部资源支持有利于员工创新行为的产生。此外,组织人力资源管理目标与员工的个人目标相关有利于调动员工的积极性,激发员工的工作动机,从而有利于激发员工创新行为。其次,具有充分性的人力资源管理可以帮助员工理解组织所激励和期待的行为,促使员工相应地调整自己的工作行为,如表现出更多的员工创新行为。有效性的人力资源管理有利于员工感受到人力资源管理沟通的权威,在精神上和行为上产生顺从,从而提高其对组织的认同感和归属感,使其愿意对组织付出更多的努力,进而调动其积极性和主动性,促使其积极寻求创新机会并勇于尝试新挑战。而当员工获得一致的人力资源管理信息时,员工更能明晰其工作职责、工作内容和工作奖励等,更容易感知到工作的意义和挑战,获得自我实现感,从而有利于激发其创新行为。最后,人力资源管理决策者之间达成共识,有利于提高员工对人力资源管理措施的认同和接受,从而有利于员工形成共同的价值观,员工间建立相互信任、尊重和支持等友好关系,进而有利于员工创新构想的产生和执行。此外,员工如果感知到自己处在公平的组织氛围中,会表现出更多的创新行为。当员工感知到人力资源管理的公平性时,他们更可能拥有积极的情绪状态,而积极的情绪状态有利于员工创新行为的产生。

综上所述,高质量的组织沟通有利于提高组织的 HRM 强度,而高强度的 HRM 有助于激发员工创新行为。Lindell 和 Brandt 曾提出员工对组织氛围的一致感知在组织情境与员工层面的后果之间的关系中起着中介作用。因此,本书认为作为员工对 HRM 实践感知的一致性程度,HRM 可能在组织沟通质量和员工创新行为之间的关系中发挥着中介作用。我们提出以下假设欲加以论证：

假设 11：HRM 强度在组织沟通质量和员工创新行为之间的关系中起着中介作用。

5.3.2.3 授权管理的调节作用

授权管理是包括授权给员工、与员工一起工作、鼓励沟通等行为的一种管理模式。授权管理可以使员工获得更多的工作自主权，提高员工的组织承诺感和工作满意度，而这些均有利于激发员工创新行为。研究表明，授权管理有助于鼓励和支持创新的氛围形成，在这种组织氛围下，高强度人力资源管理的实施更可能使员工感知到组织重视灵活性、创新性和适应性，并且形成相应的共同价值观念，从而促使员工表现出更多的创新行为。因此，本书认为授权管理影响人力资源管理强度和员工创新行为之间的关系。

首先，授权管理者鼓励员工发言和参与决策，与下属分享更多的信息和资源，提高下属对组织目标的认知，因此下属对组织相关信息有更加充分的了解，更容易理解和认同人力资源管理措施，感知到人力资源管理目标与自己的目标一致，从而更加积极主动地进行工作创新。其次，授权管理者的下属与上级的交流沟通更加频繁，下属对组织期待和奖励的行为有更好的理解和感受，从而做出更多组织期望的行为，如员工创新行为。最后，授权管理者的下属能够获得更多的信息，拥有更多的决策参与权和发言权，因而更能够感知到组织公平，具有更高程度的人力资源管理公平性感知，从而更加积极地进行创新。由此，我们提出以下假设：

假设 12：授权管理调节人力资源管理强度和员工创新行为之间的关系：当组织的授权管理程度较高时，人力资源管理强度对员工创新行为的影响越强；反之越弱。

5.3.2.4 竞争强度的调节作用

竞争强度描述的是企业在市场中所面临的竞争压力强烈程度。大量研究表明，当行业竞争强度较高时，企业面临环境的不确定性也会提高。在高度不确定的环境中，企业以往的规则和程序往往会失去效力，不能有效地指导和控制员工行为，员工行为更多地受自我概念的引导。而在这种环境中，员工更有可能觉得自己无法了解环境变化的方向以及环境变化对企业的影响，并且对采取某种措施（如创新）能否成功产生怀疑。因此，当企业面临激烈的市场竞争时，环境的高度不确定性会使企业的人力资源管理措施不能有效地改善员工的工作行为，高强度的人力资源管理不能有效地激发员工的创新行为。此外，在高度不确定的环境中，环境基础的变化使人力资源管理战略的继续实施受到极大的挑战。当市场竞争激烈时，环境的高度不确定性会对企业的人力资源管理系统提出更高的适应性和灵活性要求。在这种情况下，高强度的人力资源管理系统往往不能满足环境的要求，容易造成组织僵化，员工的自主权减少，进而抑制员工创新行为的产生。综上所述，当行业竞争强度较高时，人力资源管理强度对员工创新行为的影响会减弱。以往研究也表明，动态环境会减弱人力资源管理实践对人力资本的直接影响。因此，我们提出以下假设欲加以论证：

假设13：竞争强度调节人力资源管理强度和员工创新行为之间的关系：当竞争强度较高时，人力资源管理强度对员工创新行为的影响越弱；反之越强。

5.3.3 研究方法

5.3.3.1 研究样本

本书以中小企业作为研究对象。之所以选择中小企业，主要是因为改革开放以来，我国中小企业尽管获得了快速发展，但受外部环境和内部条件的限制，其发展面临着诸多问题，如融资困难、人才匮乏、行业竞争无序等。在获取外部资源难度增大的形势下，充分发挥现有资源的作用就显得更为重要。人力资源是企业持久竞争优势的重要来源，中小企业想要谋求发展，就必须对企业人力资源进行高效的管理与运用。

根据Podsakoff等的建议，我们在研究设计和研究方法上采取相应措施，尽可能地减少同源偏差所产生的影响。在研究设计上，我们将此次调研问卷分成两部分，一部分内容由员工填写，如组织沟通质量、人力资源管理强度等；一部分由企业总经理填写，如竞争强度。数据分析过程中，我们采用了Harman单因素检验来检查是否存在同源偏差。我们对所有关键变量做了因子分析，因子分析产生了5个因子，特征值都大于1。这一结果表明同源方差对本次测量的影响较小。

5.3.3.2 研究工具

为确保测量工具的效度及信度，我们根据本书的目的适当修改了现有文献已使用过的量表，将其作为收集实证资料的工具。在组织沟通质量、人力资源管理强度、员工创新行为、授权管理、竞争强度等概念的定义及测量方法上，本书主要参考国外已发表的学术论文。在问卷正式定稿与调查之前，为评估问卷设计及措辞的恰当性，我们先对调查企业的部分高管进行了问卷预调查，并根据其意见修订了问卷。由于本书是组织层面的研究，对于个体层面员工填写的组织沟通质量、人力资源管理强度、授权管理以及员工创新行为都是集聚（Aggregation）成组织层面的分数；而为了避免同源偏差，竞争强度的评价则是由企业的总经理提供。总经理作为企业战略决策的制定者和执行者，对于该企业在行业中所处的竞争情况，有深刻的了解和把握，因此该变量由企业总经理评价。

组织沟通质量：采用Kernan和Hanges的3个题项的量表来测量组织

沟通质量，该量表在本书中的信度系数（Cronbach's α）为 0.898（大于管理学研究中常用的 0.70），满足管理学研究的信度要求。具体题项包括"公司领导给我们提供了足够的工作相关信息""我们能够理解领导和我们沟通的相关信息"和"领导告诉我们的相关工作信息非常有用"。

人力资源管理强度：采用 Delmotte 的 31 个题项的量表来测量人力资源管理强度，该量表在本书中的信度系数为 0.973，满足管理学研究的信度要求。具体题项包括："在我们公司，员工不会因为他们和人力资源部的员工是朋友而受到优待""人力资源部门的员工认同管理员工的方式"和"员工感知到的奖金与其他报酬的分配很公平"等。

授权管理：采用了 Tang 等的 3 个题项的量表来测量授权管理，该量表在本书中的信度系数为 0.854，满足管理学研究的信度要求。具体题项包括"公司领导善于向下属分享权力""公司的组织结构比较扁平，很少有等级观念"和"公司内部领导和下属之间的沟通比较频繁"。

竞争强度：采用 Jaworski 和 Kohli 的 3 个题项的量表来测量竞争强度，该量表在本书中的信度系数为 0.665，满足管理学研究的信度要求。具体题项包括"我们这个行业经常有很多的促销活动""我们能提供的产品，几乎其他公司都可以提供""我们这个行业竞争者非常多"。

员工创新行为：采用 Scott 和 Bruce 的 6 个题项的量表来测量员工创新行为，该量表在本书中的信度系数为 0.919，满足管理学研究的信度要求。具体题项包括："我会搜索新技术、新工艺、新技能，以及新产品理念""我会为了实施新想法而制定所需的计划和安排""我能想出新的创意"等。

控制变量：员工的年龄、性别、学历、工作年限等与员工创新行为有关。因此，本书将这些变量作为控制变量处理。

5.3.4 数据分析和结果

5.3.4.1 描述性统计和相关分析

表5-3总结了变量的平均值、方差以及相关系数。从表5-3中可以看出，组织沟通质量与人力资源强度（r=0.806，p<0.01）正向相关。同时，人力资源强度与员工创新行为呈现出显著的正相关关系（r=0.604，p<0.01）。这些结果与我们研究假设的方向是一致的，为假设的验证提供了初步的证据。

5.3.4.2 假设检验分析

主效应和中介效应。对于主效应和中介效应的检验（假设1、假设2和假设3），我们根据Baron和Kenny的建议，分四个步骤进行分析：①自变量对因变量的影响。我们先将控制变量（年龄、性别、学历、工作年限和少数民族情况）引入回归方程，其次放入自变量（组织沟通质量），分析组织沟通质量对员工创新行为的影响。②自变量对中介变量的影响。我们先将控制变量引入回归方程，其次放入自变量（组织沟通质量），分析组织沟通质量对人力资源管理强度的影响。③中介变量对因变量的影响。我们先将控制变量引入回归方程，其次放入中介变量（人力资源管理强度），分析人力资源管理强度对员工创新行为的影响。④中介效应。我们先将控制变量和自变量引入回归方程，其次放入中介变量，分析组织沟通质量和人力资源管理强度对员工创新行为的影响。层级回归分析结果列在表5-4中。

5 | 我国中小企业人力资源管理强度的实证研究

表 5-3 各主要变量的均值、方差和相关关系

变量	1	2	3	4	5	6	7	8	9	10
1. 年龄	1									
2. 性别[a]	0.11	1								
3. 学历[b]	-0.24**	-0.114	1							
4. 工作年限	0.646**	-0.155	-0.045	1						
5. 少数民族[c]	0.243**	-0.081	-0.040	0.236*	1					
6. 组织沟通质量	-0.015	-0.012	0.088	-0.052	-0.070	1				
7. 人力资源管理强度	0.035	-0.060	0.173	0.041	0.027	0.806**	1			
8. 员工创新行为	-0.092	-0.136	0.395**	0.092	-0.034	0.521**	0.604**	1		
9. 竞争强度	0.135	-0.029	0.119	0.023	0.186*	0.162	0.294**	0.303**	1	
10. 授权管理	-0.024	-0.209*	0.170	0.006	-0.063	0.632**	0.614**	0.474**	0.232*	1
平均值	2.900	1.335	3.904	5.848	1.035	3.961	3.903	3.826	3.641	3.764
标准差	1.351	0.349	1.336	4.619	0.184	0.724	0.625	0.713	0.855	0.758

注：** 表示 $p<0.01$，* 表示 $p<0.05$；
a 表示性别：①男=1；②女=2。
b 表示学历：①初中及以下=1；②中专=2；③高中=3；④专科=4；⑤本科=5；⑥研究生=6。
c 表示少数民族情况：①否=1；②是=2。

表 5-4 假设检验结果

	人力资源管理强度				员工创新行为			
	模型 1	模型 2	模型 3	模型 4	模型 5	模型 6	模型 7	模型 8
控制变量								
年龄	0.089	0.020	-0.107	-0.148	-0.162	-0.162	-0.190	-0.202
性别	-0.041	-0.023	-0.069	-0.059	-0.044	-0.043	-0.057	-0.045
学历	0.189	0.106*	0.368**	0.318**	0.251**	0.245**	0.237**	0.210**
工作年限	-0.017	0.057	0.176	0.220*	0.187*	0.181*	0.206*	0.211*
少数民族	0.013	0.070	-0.041	-0.007	-0.049	-0.055	-0.077	-0.060
自变量								
组织沟通质量		0.843**		0.501**				
调节变量								
授权管理						-0.081	-0.086	-0.081
竞争强度							0.123	0.081
交互效应								
人力资源管理强度×授权管理								0.191**
人力资源管理强度×竞争强度								-0.152*
中介变量								
人力资源管理强度					0.620**	0.689**	0.648**	0.721**
R^2	0.038	0.737	0.182	0.429	0.552	0.553	0.567	0.607
F 值	0.859	50.430**	4.859**	13.498**	22.154**	18.946**	17.382**	16.082**
R^2 值变化	0.038	0.699	0.182	0.246	0.369	0.371	0.016	0.040
F 值变化	0.859	287.008**	4.859**	46.540**	89.009**	44.475**	1.927	5.273**

注：n=118；** $p<0.01$，* $p<0.05$。

从表 5-4 的结果可知,组织沟通质量对员工创新行为(M4,β=0.501,p<0.01)有显著的正向影响,支持了假设 9。组织沟通质量对人力资源强度(M2,β=0.843,p<0.01)具有显著正向影响,支持假设 10。同时,人力资源管理强度对员工创新行为有显著的正向影响(M5,β=0.620,p<0.01)。在加入中介变量后,组织沟通质量对员工创新行为的正向作用受到影响且变为不显著(M6,β=-0.081)。因此,假设 11 得到数据支持,即人力资源管理强度在组织沟通质量与员工创新行为之间的关系中起着完全中介作用。

调节效应。假设 12、假设 13 提出授权管理与竞争强度会分别调节人力资源管理强度与员工创新行为之间的关系。为了验证这一假设,我们首先将员工创新行为设为因变量,其次依次将控制变量、中介变量(人力资源管理强度)和调节变量(授权管理和竞争强度)放入回归方程,最后加入人力资源管理强度和授权管理、竞争强度的乘积项。为了消除共线性,我们用中介变量和调节变量的标准化来构造二者的乘积项。层级回归分析结果列在表 5-4 中。

从表 5-4 中可以看出,人力资源管理强度与授权管理之间的交互对于员工创新行为具有显著的正向影响(M8,β=0.191,p<0.01),这表明授权管理正向调节人力资源管理强度与员工创新行为之间的关系:授权管理程度越大,人力资源管理强度对员工创新行为的正向影响越大;否则,越小。假设 12 得到了数据的支持。而人力资源管理强度与竞争强度之间的交互对于员工创新行为具有显著的负向影响(M8,β=-0.152,p<0.05),这表明竞争强度弱化人力资源管理强度与员工创新行为之间的关系:竞争强度越大,人力资源管理强度对员工创新行为的正向影响越小;否则,越大。假设 13 获得了数据的支持。图 5-5、图 5-6 表明了这种交互作用的模式。

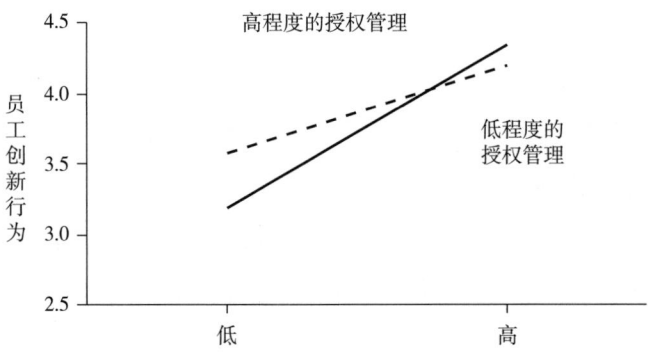

图 5-5　不同程度的授权管理下人力资源管理强度对员工创新行为的影响差异

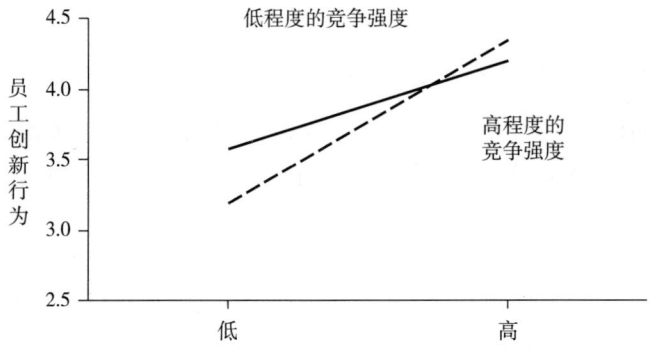

图 5-6　不同程度的竞争强度下人力资源管理强度对员工创新行为的影响差异

5.3.5　讨论

5.3.5.1　研究结论及理论意义

本书以我国中小企业为研究对象，构建了组织沟通质量、人力资源管理强度、授权管理、竞争强度和员工创新行为之间的影响关系模型，并对模型进行了实证研究。研究结果表明,组织沟通质量对员工创新行为具有显著的正向影响,人力资源管理强度在两者的关系中起着中介的作用。同时,我们研究了企业内外部两个情景因素。实证分析表明,授权管理和竞争强度在 HRM 强度和员工创新行为之间的关系中起着调节的作用:组织授权管理程度越高,人力资源管理强度对员工创新行为的正向影响就越强;行业竞争强度越高,HRM 强度对员工创新行为的正向影响就越弱。

本书的研究结论具有重要的理论意义。首先,贡献于当前有关员工创新行为的研究,我们针对中小企业的调查研究结果证实了组织沟通质量对员工创新行为有显著的正向影响作用,这一发现与路琳和梁学玲的研究结果基本一致:员工创新行为可以借助沟通产生。同时,本书的这一研究发现也丰富了我国组织沟通作用效果的研究,拓展了我们对于员工创新行为影响因素的认识。

其次,本书在组织沟通质量和员工创新行为之间的关系中引入了中介变量(人力资源管理强度),为打开组织沟通质量和员工创新行为之间的"黑箱"提供了依据。同时,本书首次探讨了人力资源管理强度的中介作用,探究了人力资源管理强度与其前因和后果之间的关系,响应了 Bowen 和 Ostroff、Delmotte 等的号召,为未来研究进行深入探讨提供了有益的参考。本书也发现了一个重要的新观点:高质量的组织沟通有利于提高组织的 HRM 强度。目前,关于 HRM 强度的研究很少涉及其影响因素,本书首次探讨了组织沟通质量对人力资源管理强度的影响,丰富了以往关于 HRM 强度影响因素的研究,有利于加深我们对 HRM 强度的了解。另外,本书探讨了 HRM 强度对员工创新行为的影响,是对以往关注人力资源管理强度作用后果研究的一个补充,拓展了我们对人力资源管理强度积极作用的认识。

再次，本书的结果表明，授权管理在 HRM 强度影响员工创新行为的过程中发挥着重要的调节作用。当管理者进行授权管理时，组织更容易形成鼓励和支持创新的氛围，在这种组织氛围下，高强度的 HRM 可以更有效地激发员工创新行为。本书的这一研究发现一定程度上证实了 Bowen 和 Ostroff 的观点——在重视灵活性和创新的组织氛围下，高强度的 HRM 会使员工感知到组织重视灵活性和适应性，并且能够形成相应的共同价值观念，从而改善自己的工作行为。本书的这一发现也帮助我们认识了 HRM 强度对员工创新行为的作用边界。

最后，本书发现竞争强度在 HRM 强度和员工创新行为之间的关系中起着重要的调节作用。当行业竞争强度较高时，高强度的 HRM 对员工创新行为的正向影响会减弱。这一研究发现进一步加深了我们对 HRM 强度作用过程的了解，也是对以往关于 HRM 与员工创新行为之间关系研究不同结果的一种解释。此外，本书深入探讨竞争强度在人力资源管理强度与员工创新行为之间关系中的调节作用，一定程度上补充了以往关注动态环境在 HRM 实践过程中的作用的研究。

5.3.5.2　实践意义

本书以中国情境下的中小企业为研究样本，对员工创新行为影响因素的探讨具有重要的实践意义。我国经济增长、科技创新、增加就业等方面的发展离不开中小企业。尽管改革开放以来我国中小企业获得了快速发展，但是随着经济全球化和企业国际化的发展，中小企业面临的市场竞争日益激烈，生存和发展的压力逐步增大。为获取持续的竞争优势，中小企业必须开展自主创新，激发员工创新行为。然而，目前我国中小企业因受到外部环境和内部条件的制约，企业创新面临着诸多困境，如资金短缺、人才和科研资源匮乏、硬件设施不完备等。在这种形势下，为员工提供良好的创新"软环境"就显得愈加重要。

首先，本书的研究结果证实了高质量的组织沟通在激发员工创新行为中发挥着重要作用。这提示中小企业可以通过提高组织沟通质量来激发员工创新行为。通过提高组织沟通质量，中小企业可以促进员工间相互信任、尊重、支持等友好关系的形成，促进知识、信息等资源的共享，进而激发员工创新行为。

其次，我们发现，组织沟通质量对员工创新行为的影响是通过高强度的 HRM 而实现的。也就是说，高强度的 HRM 最终激发了中小企业员工的创新行为。为此，我们建议中小企业可以从独特性、一致性和共识性三个维度入手来提高 HRM 强度。例如，中小企业应尽量使企业人力资源管理目标与员工个人目标相关，从而提高 HRM 的独特性特征；中小企业人力资源部门应与员工充分沟通，使员工获得的 HRM 信息是一致的，从而提高 HRM 的一致性特征；中小企业 HRM 决策者之间应达成共识，尽可能确保企业 HRM 决策与管理方式的一致性，从而提高人力资源管理的共识性特征。

再次，本书的研究结果显示，授权管理会增强 HRM 强度对员工创新行为的正向作用。这提示中小企业管理者在管理实践中，可以通过授权管理来激发员工创新行为。例如，中小企业管理者可以给予下属更多的工作自主权和决策发言权，积极与下属共享知识、信息等资源，从而使下属表现出更多的创新行为。此外，中小企业应通过严格的招聘和相应的培训，壮大授权管理者的队伍，促进授权管理常态化。

最后，本书发现竞争强度会减弱 HRM 对员工创新行为的正向作用。因此，在激烈的市场竞争中，中小企业在构建高强度 HRM 的同时应该根据市场变化适时调整 HRM 实践，提高 HRM 系统的灵活性和适应性，从而能够不断激发员工的创新行为，使其始终在共同价值观念的引领下，表现出更多的创新行为。

5.3.5.3 研究局限与未来研究展望

本书不可避免地存在一些局限。首先，本书首次证明，组织沟通质量对 HRM 强度具有正向影响。但是，高强度的 HRM 也可能促进组织沟通。Klein 等提出员工可能更乐意与那些同自己拥有相似氛围感知的上级和同事沟通。当企业实施高强度 HRM 时，员工会对 HRM 措施有一致的理解，从而更可能积极地与上级和同事交换信息和交流感情。本书只证明了组织沟通质量对 HRM 强度的正向影响，并没有对组织沟通质量与 HRM 强度之间是否存在相互影响进行详细的研究，这有待未来研究进行深入探讨。此外，本书聚焦于组织沟通质量对 HRM 强度的影响，未考虑 HRM 强度的其他影响因素，未来研究可以进一步探讨其他影响因素，以期更深入地研究人力资源管理强度，为企业提高 HRM 强度提供指导。

其次，本书发现授权管理和竞争强度在 HRM 强度影响员工创新行为的过程中发挥着重要的调节作用，一定程度上加深了我们对 HRM 强度对员工创新行为作用边界的认识。但这只是初步的探索，未来研究可以进一步深入探讨人力资源管理强度对员工创新行为影响的其他调节变量，如员工的创新自我效能感等。

最后，本书的研究对象均为我国中小企业。中小企业的特殊性以及不同国家文化习俗和制度环境等方面的差异可能会影响本书结论的一般性。因此，未来的研究可以在本书的基础上，将结论推广到大型企业和其他文化制度环境。

本章参考文献

[1] Autio E., Sapienza H. J., Almeida J. G. Effects of Age at Entry, Knowledge Intensity, and Imitability on International Growth [J]. Academy of

Management Journal, 2000, 43 (5): 909-924.

[2] Baron R. M., Kenny D. A. The Moderator - mediator Variable Distinction in Social Psychological Research: Conceptual, Strategic and Statistical Considerations [J]. Journal of Personality and Social Psychology, 1986: 1173-1182.

[3] Bednall T. C., Sanders K., Runhaar P. Stimulating Informal Learning Activities through Perceptions of Performance Appraisal Quality and Human Resource Management System Strength: A Two-Wave Study [J]. Academy of Management Learning & Education, 2014, 13 (1): 45-61.

[4] Bourgeois III L. J. Performance and Consensus [J]. Strategic Management Journal, 1980, 1 (3): 227-248.

[5] Bowen D. E., Ostroff C. Understanding HRM-firm Performance Linkages: The Role of the "Strength" of the HRM System [J]. Academy of Management Review, 2004, 29 (2): 203-221.

[6] Breaugh J. A. The Measurement of Work Autonomy [J]. Human Relations, 1985, 38 (6): 551-570.

[7] Brislin R. W. Cross-cultural Research in Psychology [J]. Annual Review of Psychology, 1983, 34 (1): 363-400.

[8] Budhwar P. Comparative Human Resource Management: A Cross-national Study of India and Britain [D]. Manchester Business School, England, 1998.

[9] Cardon M. S., Stevens C. E. Managing Human Resources in Small Organizations: What do We Know? [J]. Human Resource Management Review, 2004, 14 (3): 295-323.

[10] Chen M. J. Hambrick D. C. Speed, Stealth, and Selective Attack:

How Small Firms Differ from Large Firms in Competitive Behavior [J]. Academy of Management Journal, 1995, 38 (2): 453-482.

[11] Chen Z. X. Francesco A. M. The Relationship between the Three Components of Commitment and Employee Performance in China [J]. Journal of Vocational Behavior, 2003, 62 (3): 490-510.

[12] Damanpour F. Organizational Size and Innovation [J]. Organization Studies, 1992, 13 (3): 375-402.

[13] De Luca L. M., Atuahene-Gima K. Market Knowledge Dimensions and Cross-functional Collaboration: Examining the Different Routes to Product Innovation Performance [J]. Journal of Marketing, 2007, 71 (1): 95-112.

[14] Delmotte J., De Winne S., Sels L. Toward an Assessment of Perceived HRM System Strength: Scale Development and Validation [J]. International Journal of Human Resource Management, 2012, 23 (7): 1481-1506.

[15] Douma S., George R., Kabir R. Foreign and Domestic Ownership, Business Groups, and Firm Performance: Evidence from a Large Emerging Market [J]. Strategic Management Journal, 2006, 27 (7): 637-657.

[16] De Luca L. M., & Atuahene-Gima K. Market knowledge dimensions and cross-functional collaboration: Examining the different routes to product innovation performance [J]. Journal of Marketing, 2007, 71 (1): 95-112.

[17] Gagné M. A Model of Knowledge-sharing Motivation [J]. Human Resource Management, 2009, 48 (4): 571-589.

[18] Gonzalez-Roma V., Peiro J. M. Tordera N. An Examination of the Antecedents and Moderator Influences of Climate Strength [J]. Journal of Applied Psychology, 2002, 87 (3): 465-473.

[19] Harman H. H. Modern Factor Analysis [M]. University of Chicago

Press, 1976.

[20] Hui J. W., Culler D. The Dynamic Behavior of a Data Dissemination Protocol for Network Programming at Scale [C]. Proceedings of the 2nd International Conference on Embedded Networked Sensor Systems. ACM, 2004: 81-94.

[21] Jackson S. E., Alvarez E. B. Working through Diversity as a Strategic Imperative [J] // D. W. Bray (eds.). Diversity in the Workplace, 1992 (5): 13-36.

[22] Jaworski B. J., & Kohli A. K. Market Orientation: Antecedents and Consequences [J]. Journal of Marketing, 1993, 57 (3): 53-70.

[23] Jay Barney. Firm Resources and Sustained Competitive Advantage [J]. Journal of Management, 1991 (17): 199-120.

[24] Kelley H. H. Attribution Theory in Social Psychology [A]//Levine D. (eds.). Nebraska Symposium on Motivation [C]. Lincoln: University of Nebraska Press, 1967.

[25] Kernan M. C., Hanges P. J. Survivor Reactions to Reorganization: Antecedents and Consequences of Procedural, Interpersonal, and Informational Justice [J]. Journal of Applied Psychology, 2002, 87 (5): 916-928.

[26] Kotey B., Slade P. Formal Human Resource Management Practices in Small Growing Firms [J]. Journal of Small Business Management, 2005, 43 (1): 16-40.

[27] Kumar K., Boesso G., Favotto F., Menini A. Strategic Orientation, Innovation Patterns and Performances of SMEs and Large Companies [J]. Journal of Small Business and Enterprise Development, 2012, 19 (1): 132-145.

[28] Laforet S. Size, Strategic and Market Orientation Affects on Innovation [J]. Journal of Business Research, 2008, 61 (7): 753-764.

[29] Li J., Tang Y. CEO Hubris and Firm Risk Taking in China: The Moderating Role of Managerial Discretion [J]. Academy of Management Journal, 2010, 53 (1): 45-68.

[30] Li J., Xin K. R., Tsui A., Hambrick D. C. Building Effective International Joint Venture Leadership Teams in China [J]. Journal of World Business, 1999, 34 (1): 52-61.

[31] Li X., Frenkel S. J., & Sanders K. Strategic HRM as Process: How HR System and Organizational Climate Strength Influence Chinese Employee Attitudes [J]. International Journal of Human Resource Management, 2011, 22 (9): 1825-1842.

[32] Lindell M. K., & Brandt C. J. Climate Quality and Climate Consensus as Mediators of the Relationship between Organizational Antecedents and Outcomes [J]. Journal of Applied Psychology, 2000 (3): 331-348.

[33] Mischel W. The Interaction of Person and Situation [M] // D. Magnusson, N. S. Endler (eds.). Personality at the Crossroads [M]. Hillsdale, NJ: Erlbaum, 1977.

[34] Mischel W. Toward a Cognitive Social Learning Reconce Popularization of Personality [J]. Psychological Review, 1973, 80 (4): 252.

[35] Ng T. W., Feldman D. C., Lam S. S. Psychological Contract Breaches, Organizational Commitment, and Innovation - Related Behaviors: A Latent Growth Modeling Approach [J]. Journal of Applied Psychology, 2010, 95 (4): 744-751.

[36] Nguyen T. V., Bryant S. E. A Study of the Formality of Human Resource Management Practices in Small and Medium-size Enterprises in Vietnam [J]. International Small Business Journal, 2004, 22 (6): 595-618.

[37] Podsakoff P. M., Mackenzie S. B., Lee J. Y., et al. Common Method Biases in Behavioral Research: A Critical Review of the Literature and Recommended Remedies [J]. Journal of Applied Psychology, 2003, 88 (5): 879-903.

[38] Porter L. W., Steers, R. M., Mowday R. T., Boulian P. V. Organizational Commitment, Job Satisfaction and Turnover among Psychiatric Technicians [J]. Journal of Applied Psychology, 1974, 59 (5): 603-609.

[39] Ribeiro T. R., Coelho J. P., Gomes J. F. S. HRM Strength, Situation Strength and Improvisation Behavior [J]. Management Research: The Journal of the Iberoamerican Academy of Management, 2011, 9 (2): 118-136.

[40] Rueda-Manzanares A., Aragón-Correa J. A., Sharma S. The Influence of Stakeholders on the Environmental Strategy of Service Firms: The Moderating Effects of Complexity, Uncertainty and Munificence [J]. British Journal of Management, 2008, 19 (2): 185-203.

[41] Ryu S., Kim S. First-Line Managers' HR Involvement and HR Effectiveness: The Case of South Korea [J]. Human Resource Management, 2013, 52 (6): 947-966.

[42] Salancik G. R., Pfeffer J. A Social Information Processing Approach to Job Attitudes and Task Design [J]. Administrative Science Quarterly, 1978: 224-253.

[43] Sanders K., Dorenbosch L. De Reuver R. The Impact of Individual and Shared Employee Perceptions of HRM on Affective Commitment: Considering Climate Strength [J]. Personnel Review, 2008, 37 (4): 412-425.

[44] Schneider B. The People Make the Place [J]. Personnel Psychology, 1987, 40 (3): 437-453.

［45］Scott S. G. , Bruce R. A. Determinants of Innovative Behaviour: A Path Model of Individual Innovation in the Workplace ［J］. Academy of Management Journal, 1994, 37 (3): 580-607.

［46］Sine W. D. , Mitsuhashi, H. Kirsch D. A. Revisiting Burns and Stalker: Formal Structure and New Venture Performance in Emerging Economic Sectors ［J］. Academy of Management Journal, 2006, 49 (1): 121-132.

［47］Steers R. M. Antecedents and Outcomes of Organizational Commitment ［J］. Administrative Science Quarterly, 1977, 22 (1): 46-56.

［48］Stinchcombe, Arthur L. Social Structures and Organizations ［J］// James G. March (eds.). Handbook of Organizations: 142-193 ［M］. Chicago: Rand Mc-Nally, 1965.

［49］Tang G. , Wei, L. Q. , Snape E. & Ng Y. C. How Effective Human Resource Management Promotes Corporate Entrepreneurship: Evidence from China ［J］. The International Journal of Human Resource Management, 2015, 26 (12): 1586-1601.

［50］Tang S. Y. , Gurnani H. , Gupta D. Managing Disruptions in Decentralized Supply Chains with Endogenous Supply Process Reliability ［J］. Production and Operations Management, 2014, 23 (7): 1198-1211.

［51］Wolfradt U. , Pretz J. E. Individual Differences in Creativity: Personality, Story Writing and Hobbies ［J］. European Journal of Personality, 2001, 15 (4): 297-310.

［52］Zhou J. George J. M. When Job Dissatisfaction Leads to Creativity: Encouraging the Expression of Voice ［J］. Academy of Management Journal, 2001, 44 (4): 682-696.

［53］彼得、德鲁克. 管理的实践 ［J］. 商学院, 2005 (12): 1-2.

[54] 邓丽芳,郑日昌.组织沟通对成员工作压力的影响:质、量结合的实证分析[J].管理世界,2008(1):105-114.

[55] 李敏,刘继红.人力资源管理强度对员工工作态度的影响研究[J].科技管理研究,2011,31(19):147-150.

[56] 李鹏程.集团公司创业导向、人力资源管理强度与自主创新能力——基于海信集团的案例研究[D].山东大学硕士学位论文,2014.

[57] 路琳,梁学玲.知识共享在人际互动与创新之间的中介作用研究[J].南开管理评论,2009,12(1):118-123.

[58] 宋典,袁勇志,张伟炜.战略人力资源管理、创新氛围与员工创新行为的跨层次研究[J].科学学与科学技术管理,2011,32(1):172-179.

[59] 孙健敏,穆桂斌.中小民营企业人力资源管理的状况[J].经济管理,2009,31(4):82-87.

[60] 唐贵瑶,魏立群,贾建锋.人力资源管理强度研究述评与展望[J].外国经济与管理,2013,35(4):40-48.

6

支持我国中小企业人力资源管理强度的对策与建议

目前，中国正处经济社会的转型时期，其管理情境与西方国家相比大相径庭。例如，当西方开始强调为企业员工提供长期就业保障时，我国企业才开始强调通过竞争上岗、末位淘汰等方式以提高用人效益。故此，讨论本土情境下的战略人力资源管理实践，对于揭示我国情境下怎样开展人力资源管理、怎样提高人力资源管理强度意义非凡。

6.1 现代中小企业人力资源管理系统够"强"吗？

小王大学毕业时，通过校园招聘会应聘一家大型企业，该企业应用招聘方法很多，面试、笔试、情景模拟俱全，但主要看学历。名牌大学毕业的他顺理成章地进入公司，成为一名助理工程师。之后，他的所有工作主要是由"副高级工程师"李师傅教的。公司偶尔会进行培训，外请的培训师展示着精美的PPT，讲着由国外引进的流程管理方法，可是这和工程师的工作并没什么关系。企业改革，要求每个部门都要竞聘上岗，小王一点儿也不担心，对他来说这只是形式上的事，每人写一份述职报告，做个

PPT展示即可。小王每月领固定的基本工资，只等着三年后靠资历升任为工程师。"这些招聘、培训、激励等措施看似非常'漂亮'，实际上更多的是一种'摆设'；我们平时根本不知道这些措施制定的目的何在，有些根本就没有在企业内有效实施，形同虚设"，小王抱怨说。

小王的感受也是国内众多员工，尤其是国企员工对人力资源管理的感受。高层对人力资源部门大力支持，一套一套政策不断下达，可人力资源部门的一系列措施对员工的日常工作并没有多少改善，多是流于形式，甚至有时还成了员工的负担。员工最关注的薪酬考核和绩效考核，政策落实起来和原有的规范体系相差甚远。相比于以往传统的人事管理，现代企业似乎是仅有华丽的理论政策，实施过程差强人意。

伴随中国GDP增速放缓以及经济结构转型的必然趋势，物质资本的价值增值作用逐渐削弱，而人力资本取而代之，将成为新一轮经济增长的中坚力量。人力资源作为构建企业核心竞争优势的关键资源，逐渐受到企业管理者和相关学者的关注和重视。然而，目前中国中小企业的HRM系统够"强"吗？是否能够真正有效地利用人力资源提升组织绩效并构建核心竞争力？那么未来，中国中小企业人力资源管理的路在何方？

6.1.1 停留在内容层面的中国企业人力资源管理

最近30年，我国企业的HRM大有发展，取得了一系列成就，由传统的人事管理逐渐过渡到现代的HRM。中小企业对HRM各职能的理解也在不断加深，各个企业都不断完善企业的HRM系统——科学的人才招聘选拔工具逐渐应用，员工的培训与开发逐渐得到重视，绩效考核体系愈加合理科学，薪酬管理体系逐渐完善。然而，总体而言，目前我国的人力资源管理还处于借鉴和探索阶段中，对企业战略的支持作用不足，且仍停留于人力资源管理具体的职能内容方面，对 HRM 过程的研究重视匮乏，导致企业内部的人力资源管理强度较低。

首先，从独特性角度看，目前企业很多人力资源管理政策局限于人力资源部门的书面文件，没有落实或执行阶段与员工沟通交流不足，导致人力资源管理措施的可视性和可理解性不到位；而由于部分企业不够重视人力资源管理，使其不仅没有被提升到企业的战略高度，更缺乏高层管理者的重视和支持，导致职权正当性和相关性均偏低、HRM 的独特性不足。

其次，从一致性角度看，目前我国企业绩效管理与组织战略实施脱节，且与人力资源管理其他系统（薪酬管理、员工培训与开发）不匹配，难以及时强化员工行为与其结果的因果关系。根据期望理论，当员工感知到即使通过个人努力实施组织期望的行为也难以实现个体成果目标时，员工便不会遵从组织期望的行为模式。此外，很多企业没有将其内部人力资源管理的各种措施视为一个息息相关的系统，而是较为分离地组织与实施人力资源措施，且与组织目标相脱离，出现"为做薪酬而做薪酬"等现象，使人力资源管理措施向员工传递的信息不一致，这也不能帮助员工准确感知到组织期望。

最后，从共识性角度看，HR 部门的目标有可能会与组织的目标产生较大的分歧，使企业的 HR 部门对于企业的战略目标承接不足，导致员工感知到各层管理决策者之间没有形成一致意见；而中小企业分配方式不透明、国有企业以资历为重的分配模式、直线经理对于绩效结果与员工沟通不足等导致系统公平性不高，因而使员工间的共识难以达成。

6.1.2 路漫漫兮，如何上下而求索

调研发现，目前我国大部分企业的 HRM 仍停留于 HRM 的内容（Content）层次上，并偏重于 HRM 的职能优化，忽视了 HRM 的过程，使 HRM 的措施形式主义或书面主义，落实不到位更难以让员工理解和接受。很多企业并不了解员工对组织人力资源管理各项措施的真正想法，更不要说员工对于组织期望的行为方式形成一致的认知，因此无法实现组织对员工的期望从而提升工作绩效。尤其是如今企业相对独立地看待人力资源管理的各职能，同时忽视了更重要的一点，即从系统和战略视角看待，使得人力资源管理体系愈加零散化，各职能措施间的互补性（内部匹配）和一致性相对缺乏。因此，导致各措施的落实执行与组织战略（外部匹配）相对脱离，促进组织战略目标实现的作用相对弱化。

以往研究也已证明，只关注人力资源实践内容的选择问题并不能有效地提高人力资源管理活动的质量，我们应该更加重视 HRM 措施是否可以高效落实，从而真正提高 HRM 强度。故而，现阶段如何提高我国企业的 HRM 强度以积极影响员工工作态度与工作绩效、实现组织绩效呢？如下四点计策，以期帮助企业提高 HRM 的正向效果：

6.1.2.1 要提升 HRM 系统的内外部匹配度

组织的内外部匹配影响了 HR 实践对于组织绩效的作用。根据人力资源管理系统的互补性（内部匹配），企业采用具有内部协调一致性的各项人力资源实践才能提高组织的绩效，即存在"最佳人力资源管理实践"，企业可通过应用"最佳人力资源实践"的投入来促进组织层面的产出。例如，优秀的招聘措施吸引和选拔来的优秀人才如果没有合理的薪酬措施照样会离职。因此，真正能够最终发挥作用的人力资源体系应该是系统内各个部分之间的相互配合（Internal Fit）。而人力资源管理系统的外部匹配则要求基于权变理论，从战略角度进行人力资源管理，着重强调其与组织的战略目标间的纵向匹配（External Fit），其观点在于不存在一套可以适用于所有组织的最佳管理实践，而取决于组织所处的情景和战略。

只有构建符合企业实际发展阶段和当下战略的人力资源实践才是最有效的。

而哈斯立德（Huselid）则认为，人力资源管理系统的内外部匹配并不矛盾，最佳 HR 实践的应用可以帮助所有企业实现绩效的提高。在此条件下，若管理者能够根据企业的外部环境和特定的战略对人力资源管理实践进行相应的调整，那么企业就会取得额外的绩效增益。如所有的企业都通过采用科学的培训体系而有效提升了组织绩效，但是由于组织战略目标和所处的环境不同，不同企业培训的目标和强调的重点也是因之而异的。

故此，为提高企业的 HRM 强度，应当保证企业 HRM 系统的内外匹配。既要以系统的视角不断整合人力资源管理的措施，使各职能之间相互匹配与互补；同时积极承接组织战略，在战略指导下进行人力资源实践，向员工传递一致的人力资源管理信息，增强相关性和一致性，进而提高员工对于人力资源管理措施与组织目标一致性的感知。

6.1.2.2　充分发挥直线经理的作用

在国外，直线经理人掌管着越来越多的人力资源管理职责的现象已成为普遍趋势。这些职责所涉及的范围十分广泛，具体包括：员工招聘和甄选、培训和发展、薪酬和福利的制定和积极工作环境的创建等。直线经理人直接面向员工、与员工接触交流，而员工感知到的组织特点很大程度上来源于直线经理传递的信息。正因如此，直线经理在提高组织人力资源管理强度中的作用格外重要。

例如，在绩效管理过程中，绩效计划、绩效监控、绩效评估和绩效反馈面谈每个环节都不能不需要直线经理的主导参与，并在整个管理过程中贯穿持续沟通的环节。倘若直线经理无法有效运用绩效管理工具，导致绩效管理过程中绩效计划不切合员工实际、绩效记录不准确、绩效评估缺乏公平性、反馈面谈流于形式，人力资源管理缺乏一致性和共识性，员工难以有效改进绩效，就会对直线经理甚至对组织产生不满情绪。故而，提高直线经理的 HRM 能力对于有效实施 HRM 过程十分关键。

而提高直线经理的人力资源管理水平主要有以下两种办法：一是通过对其定期培训，使之掌握相应的人力资源管理工具；二是注重提升人力资源部门的咨询顾问角色，为直线经理及时提供答疑和咨询服务，保证他们能够有效处理各项工作冲突并有效进行员工沟通与管理。

6.1.2.3 发挥高层管理者的关键角色

高层管理者在组织中发挥着关键的作用，在整个组织中扮演支持他人工作的角色。来自高层管理者的支持包括对企业 HRM 的重视、投资以及高层管理者参与 HRM 战略制定等，是提升 HRM 职权正当性的直接方式，同时对于成功实践 HRM 措施十分重要。高层管理者中具有代表性的是企业的 CEO。

史丹顿（Stanton）等通过案例研究的方法证实了企业 CEO 在增强 HRM 强度中的关键作用。CEO 既有助于为 HR 部门中的管理者提供职权、领导力和资源以创造一个独特的 HRM 系统，同时在促进高管团队内部对于人力资源重要性的一致认同方面也发挥着重要作用。所以，企业的 CEO 等高管必须树立以人为本的观念，同时重视人力资源的价值增值作用，将人力资源管理提升到企业战略的高度，令 HRM 各项职能措施与政策与企业的战略目标真正匹配，才能畅通无阻地贯彻与落实 HRM 各措施。

根据科尔曼（Kelman）等的模型，劝说和影响程度取决于信息传递者的可信性和信息接受者的结果参与度二者的共同作用。高层管理者作为组织的发言人，其对 HRM 的支持能够增强人力资源管理措施的可信性；而与此同时员工作为信息的接受者，对人力资源管理结果的控制程度也是影响其对人力资源信息接受度的关键变量。因此，企业在增强高管支持度的同时，也应当注意提升员工自身对各项管理实践结果的影响程度，增强个人努力与个人绩效之间的关联，使员工对工作结果具有较强的可控性。

6.1.2.4 加强企业内部的有效沟通

从信息沟通的角度上理解，HRM 实践可看成管理者与员工的沟通过程。换言之，HRM 仅关注客观衡量企业的 HRM 实践是不够的，强调员工感知到的 HRM 实践才更具备管理意义。HRM 强度正是从员工对 HRM 过程的感知出发，探究 HRM 活动的有效性程度。

为了实现管理者与员工间的有效沟通，必须做到以下两点：①企业应当主动将员工纳入各项 HRM 措施的制定过程中。可以采取员工代表的形式让员工参与决策过程，有助于员工更深入理解人力资源措施的深刻内涵，使员工清楚地了解组织期望的行为模式，同时员工参与能够增强其对于管理措施的接受程度，减少决策推行的阻力。②企业需要及时畅通信息沟通渠道，同时要注重双向沟通。这就要求企业建立有效的沟通机制，使基层员工的意见与建议能够及时反馈到各层管理者，并且管理者应当及时处理争议以有效关注并引导员工认知。而促进双向沟通，包括各经理层之间、直线经理与员工之间、职能部门与业务部门之间的双向沟通。在沟通中增加反馈环节，能够有效降低信息传递过程的失真，有助于企业上下形成一致认知，并及时调整不合理的政策方针以更好地适应员工的工作需求。

我国中小企业的人力资源管理之路还有很长，尤其是在我国的特殊文化背景下，面对当前经济转型的特殊时期，构建起适应我国特殊经济文化背景的特色 HRM 体系格外重要。这需要企业管理者和研究者的共同努力，积极探究适应中国背景下的人力资源管理内容和过程，以理论指导实践，并通过实践不断修正理论，真正实现人力资源管理本土化和特色化，构建中国企业的核心竞争优势。

6.2 支持我国中小企业人力资源管理转型的具体措施

6.2.1 中小企业转型环境

我国中小企业转型的外部环境较为复杂。首先，我国由计划经济转向市场经济使我国中小企业生产经营的自主权得到显著增强；其次，我国企业逐渐失去其传统成本优势，产业结构和经济的转型使企业的技术创新和管理创新尤为重要；最后，可持续性的环境要求和社会责任要求日益被世人所重视，这也使企业要提高生产和管理的可持续性，响应国家节能减排的号召；随着国际化经济联系的日益密切，市场竞争也更为激烈；经济开放化程度的不断提高也使企业所面临的不确定性加大。

因此，转型期的中小企业要想适应新的外部环境和迎接新的挑战，在激烈的市场竞争中占据有利地位，就必须意识到战略制定和执行的重要性，尤其是人力资源管理作为企业管理的核心问题，必须提高其战略性，从战略人力资源管理入手，以获取持续竞争优势。

6.2.1.1 转型期我国中小企业 HRM 的特征变化

（1）HRM 向战略性人力资源管理（SHRM）转变。HRM 理论和实践历经两个发展阶段，第一阶段是由传统的人事管理到人力资源管理，第二阶段是由 HRM 到战略人力资源管理（Strategic Human Resource Management，SHRM）。所谓战略管理是指整合组织的目标、制度政策以及企业行为等,使之成为一个具有内在联系的整体模式。战略管理作为一个过程,是企业获取竞争优势的重要手段(Schuler 和 Jackson,1999)。战略管理可分成两种类型:一是一般性的竞争战略;二是在某种特定情况下企业所采取的一些具体的调整性措施。

因此,企业的 HR 部门管理者也应从战略高度视角思考 HRM 将如何应对企业所面临的问题。SHRM 意图利用有效的人力资源使用模式和一组战略性实践活动,以促使组织目标的实现。HRM 的战略化要求企业将人力资源职能融入于企业的战略规划中,从而帮助战略小组制定出更加有效切实可行的战略决策。一旦制定出战略决策,人力资源就必须要在战略执行的过程中扮演积极角色。

(2)战略人力资源管理(SHRM)逐步转变为企业管理的核心。传统意义上人事管理仅注重员工的合同管理,而员工的绩效考核、岗位调动、培训及开发等与员工有关的人力资源事务性工作,大多采取事后修补的方式。在知识爆炸和信息经济的时代,企业的竞争更多地表现为人才的竞争,而人才的竞争则取决于对人力资源的开发、利用和管理,传统模式已经满足不了时代的需要。而战略人力资源管理突破了传统模式,将人上升到资源的高度看待,进行优化配置。战略性人力资源规划、战略性人才选聘、战略性培训与开发、战略性绩效和薪酬管理以及员工关系管理成为新时代下企业 HRM 的六大模块。故此,通过人力资源有效配置和管理,构建一个具有强大竞争力的人才团队,对提高企业的竞争力有至关重要的作用。因此,战略人力资源管理在企业中的地位日益重要,逐渐成为管理核心。

(3)人才吸纳和培养日益重要。新时代下企业和社会发展的最核心要素是人才。随着我国加入 WTO 及企业重组和现代企业制度的建立,中小企业面临着更加激烈的市场竞争环境。就目前来看,企业传统的成本优势正在逐步消失，企业之间的竞争已逐渐演变成企业技术和管理水平的竞争，而企业的技术创新和管理创新均依赖于人才。因此，当今企业竞争的实质已经转变成人才的竞争。综上所述，可以认为人才作为一种重要资源，是企业用来应对国内外激励的市场竞争、用来实现组织总体战略和可持续发展的关键工具。吸引优秀人才、用好现有人才、培养储备人才、吸纳新生力量，盘活企业的人力资源，是当前人力资源管理提出的重要任务。

6.2.1.2 转型期中国人力资源管理的发展

我国企业的人力资源管理随着从计划经济体制向市场经济体制的转型，先后经历了计划经济体制下传统的劳动人事管理、现代市场经济体制下的人力资源管理等变革，同时在HRM体制上也发生了三大改革——由终身雇佣制到劳动合同制、由平均工资到按劳分配、由终身保障制到社会保险制（赵曙明，2009）。改革出新，我国HRM的改革更是如此，经历转变的HRM，其传统模式产生了翻天覆地的变化，以人才测评、绩效管理和薪酬激励为重点核心的HRM管理模式渐渐成为主流。不仅如此，随着市场经济的日新向荣、国际间经济联系的显著增强，HRM的发展趋势也不同于以往，不断涌现出市场化、多元化、信息化、规范化和国际化等新趋势（王雅洁等，2012）。

（1）企业HRM的市场化。随着经济体制改革的发展，我国市场经济体制初步建立，劳动力市场也不断成熟和发展。劳动力市场的供求状况调节着社会劳动力的不断流动，从而形成劳动力配置合理的现象。

（2）企业HRM的多元化。改革开放以来，中国形成了以公有制为主体、多种所有制相结合的经济制度。伴随中国经济制度的转变，企业不同的HRM方式也由此形成。例如，国有企业HRM方面总体上比较落后，依然存在浓厚的行政官僚体制色彩；合资（外）企业的HRM比较先进，融合了西方的HRM制度和中国的现实国情；而民营企业管理模式大多采用家族式管理方法,缺乏管理的科学合理性。由此可见,企业的招聘、任用、晋升等人力资源管理实践几乎都由企业的经营业主决定,呈现出多样化和多元化的特点。

(3) 企业 HRM 的国际化。企业 HRM 的国际化趋势可从以下两点看出:一是西方的 HRM 模式逐渐渗透到我国传统的 HRM 模式中;二是我国 HRM 发展方向与国际先进 HRM 发展方向逐渐一致。自改革开放以来,在我国"走出去"战略的推进和支持下,我国企业在吸收国外企业 HRM 经验的基础上,已与国际上先进的 HRM 逐渐接轨。

(4) 企业 HRM 的规范化。随着 1994 年《中华人民共和国劳动法》的出台,我国的劳动法制进入了一个新阶段。2008 年,《中华人民共和国劳动合同法》的正式实施又进一步从法律机制上规范了我国的劳动力市场。劳动法律的不断完善使人力资源管理实践有法可依,规范化程度加深。

(5) 企业 HRM 的信息化。人力资源管理的信息化模式立足于先进的软件和高速、大容量的硬件基础,通过大数据化的信息化处理系统,达到降低实际 HR 劳动力耗费、实现员工自助、自动处理信息等功能效果(王平换、张微,2008)。该模式基于信息化系统,将培训、绩效、薪酬等核心业务纳入该系统当中,从而形成一种继承、共享的统一数据源,使人力资源管理规范化、标准化和最优化。

6.2.2 转型期中国人力资源管理面临的挑战

中智外企服务分公司发布了《2011~2012 年企业人力资源管理转型与 HR 外包调研报告》(以下简称《报告》),意为 HR 转型、HRM 升级提供方向性的建议。根据《报告》,我国劳动力成本持续上升,此外,我国人口老龄化现象日益严重。这种情况下,我国的劳动力优势逐渐减弱甚至丧失，所以现阶段成为我国中小企业 HRM 转型升级的关键阶段。同时报告提到，我国的人力资源管理面临诸多挑战和困难，应对这一挑战，其根本性解决方案在于人力资源转型。在综合多位学者研究观点后，本书认为转型期的中国人力资源管理主要面临以下几个方面的挑战。

（1）现阶段吸引、发展和挽留人才的难度增大。《报告》指出，现阶段吸引、发展和挽留人才是我国人力资源管理面临的首要挑战。全球化竞争使吸引、发展和挽留人才的难度大大增加，从整体角度看，中国企业并不具备足够强大的物质实力与跨国公司争夺人才。故而，在世界大公司云集的中国大陆，如何吸引高层次人才（尤其是高层次科技人才和经营管理人才），如何留住和激励这些高层次人才，是目前我国人力资源管理面临的重大挑战（董克用，2007）。

（2）经济转型和产业结构不断升级。经济转型和产业结构升级随着经济全球化、城市化的发展，已经成为不可阻挡的趋势。目前，我国经济和产业结构也在不断发生着改变，其中产业结构上劳动密集型服务业比重不断下降，资本、技术和知识密集型服务业的比重逐年上升。因此，我们要不断加强培训内容，使人力资源能够不断适应新的产业结构（柳智毅、张相林，2009）。

（3）劳动力成本的提高。近年来，随着最低工资标准的提高和《劳动合同法》的颁布等，不仅来源于农村的劳动力的工资水平有所提高，城镇不同劳动力成本也随之上涨，我国工资水平增长速度高于经济增长的速度，劳动力的成本上涨导致企业的压力增大。要用资本代替劳动，还是提高现有的人力资源利用有效性？这是众多企业面临的问题（董克用，2007）。

（4）"本土化"的人力资源管理知识缺乏。加入 WTO 后，人力资源管理本土化进程开始加快。中国本学科的理论基础较为单薄，现有研究的理论基础大多借用了其他学科研究中相对成熟的理论,比如组织行为理论、激励理论等理论基本均为从国外研究中引进或借用的(郭庆松,2003)。汲取西方发达国家和地区企业的优秀人力资源管理理论和实践经验十分必要,然而构建起适合我国转型阶段特点的人力资源管理理论和方法,使其更为"本土化",则显得更加重要(赵曙明,2009)。

(5)管理方式与观念落后,创新不足。目前,我国部分企业尤其是国有企业,即使人力资源管理方式落后,也依旧采用传统的人事管理模式。在管理观念方面,特有的中华传统文化和经济的时代发展使我国的企业文化和国外的企业文化差异性显著(赵曙明,2009)。建设科学的企业文化,以企业使命和愿景引领员工,是我国企业要解决的主要问题之一。

中智外企总经理程功提出,"为抵消人力资源优势消失带来的负面影响,企业需要通过创新达成产业的转型、升级,而'创新的本质因素是人的问题'"。《报告》指出,目前我国人力资源管理面临的首要挑战吸引、发展和挽留人,要想从根上解决该问题,必须要实现 HR 的转型。对待高层次人才、对待产业升级等问题,人力资源管理绝不能固守陈规,一味地采用传统制造业的管理经验。而要从人力资源管理创新入手,顺应时代的变迁,创新管理理念和技能,创造新机制和新方法,以适应对知识型团队管理员工的要求,这些创新则包含从招聘与选拔、绩效体系到薪酬管理等各个方面(董克用,2007)。

6.2.3 有效推动中小企业转型的具体措施

中小企业在"转型"过程中,不仅要实现组织的短期盈利目标,也要培养持续的绩效能力,达到"两手抓,两手硬"的程度。那么,企业怎样利用人力资源的杠杆效应,通过有效的管理措施来促进中小企业的有效

"转型"呢？

第一，事业理念引导组织。理念到底是一种什么概念？理念不是空有其表、道听途说、流于形式的，它是一种组织的神圣使命、美好愿景，是组织最重要的核心价值观，是发自组织所有成员内心的共同追求，是组织领导者和管理者真正想要达成实现的目标。从使命的意义上讲，使命从根本上回答了"我们为什么？"不仅是组织存在的根本原因，更阐释了组织成立和持续存在的价值意义，是所有成员坚持到底并持续秉持的信念；从愿景角度上说，愿景则解释了"我们想成为什么"，即组织能预见的阶段性目标，涉及组织未来事业领域；最后，核心价值观解释"我们要坚持什么"，是组织必须坚持遵守的核心价值取向与标准。

第二，顾客决定组织架构。HRM 的管理者应该如何理解企业战略并贯彻落实到实际的 HRM 职能措施中呢？俗话说"顾客就是上帝"，所以只要抓准以下三点，就能解决以上问题。首先，要理解谁是我们的顾客；他们在哪里；他们怎样购买我们的产品和服务；怎样才能接近他们，获取他们；不同类别顾客的认知价值是什么；企业为了满足不同顾客的需求生产哪些产品或服务。其次，要认识顾客的认知价值。顾客看中的是产品背后的附加价值，通过这些附加价值顾客获得自身的一种满足感；但不同顾客的认知价值复杂且差异较大，比如，对于青春少女来讲，冬季服装在于其外形是否好看、漂亮；而对于中年妇女来讲，可能更看重其保暖和舒适性；所以，这就要求企业必须清楚认识不同的顾客认知价值以满足顾客需求，进行合理的市场定位。最后，以顾客认知价值为中心再造组织的价值流程，例如海尔将上门安装、售后服务置于公司的一级部门中心，这就是海尔以顾客价值为中心的表现。以顾客的需求为中心，设计企业的流程架构，才能真正实现中小企业的有效"转型"。

第三，落实好人力资源的前提是要搭建好职位平台。首先，人力资源管理规划是其他人力资源板块的前提，但是规划并非仅基于喜好，而要基于企业的实际需要。那么，如何进行科学合理的规划呢？这就要求 HR 高管从组织的战略高度出发，整合组织内的人力资源队伍，不同类型的人才用到实处，做到因人而异、人岗匹配，设计不同的多条职业发展通道，以充分发挥员工个人的独特优势。其次，在不成熟的转型时期，企业内部外环境不断产生变化也影响着组织架构的改变，战略人力资源管理关键要做到适应变化、未雨绸缪的规划，企业在多变的环境中不能仅限于制定单一的职业说明书，而应考虑如何将人岗匹配落实到实处。

第四，成果导向的绩效管理。绩效管理是一个过程：帮助组织所有员工明确知晓自己应实现什么样的目标、如何实现，并达成共识；绩效管理是一套方法：通过绩效评估及结果应用等手段有效管理员工，使员工的个人素质、发展目标与组织战略目标有机结合在一起。绩效管理最终支持实现组织目标的贡献有三类：首先，从事的角度出发，主要集中在业绩方面，即直接实现对客户价值的满足；其次，从人的角度出发，主要集中在队伍方面，即实现人员总体素质的提升；最后，从气的角度出发，主要集中在氛围方面，即形成高效的工作文化。从以上三方面考虑，要建立起成果导向的绩效考核。成果即业绩，通过部门业绩、管理者业绩和业绩性岗位考核三者联合，突出成果导向绩效考核的理念。另外，能真正发挥企业 HRM 体系效用的关键在于建立"业绩管理线"和员工的能力素质模型。转型期的企业要想发展业绩、提高绩效，就必须通过绩效管理体系传递业绩压力和经营责任，使全体员工的绩效奖励与业绩考核等级相挂钩。"业绩管理线"通过两条线平衡绩效指标：一是"绩效评价线"，二是"员工管理线"。前者旨在强调业绩的同时平衡组织的发展，后者旨在指明工作目标的同时贯彻业绩责任。同时，通过建立员工的能力素质模型发挥 HRM 体系的效用，从而尤其要有效应用于对管理者和领导者的选拔评估上。

6.3 提高人力资源管理强度的具体措施

根据第三章关于人力资源管理强度文献的梳理，可以发现众多学者意识到人力资源管理实施过程中的问题，提出了"人力资源管理强度"（Strength of HRM）这一概念，来测定人力资源的实施效果，并基于此提出解决方案。博文（Bowen）和史洛夫（Ostroff）首先提出"人力资源管理强度"的概念，并将其定义为一种管理效率。这种管理效率能够为组织创造高强度的管理氛围，即员工能够有效传递和有效感知关于 HRM 的信息。目前，我国有关人力理论的研究比较少。本书在前人研究的基础上，梳理理论基础，并对 HRM 强度未来研究发展做出系统的研究述评与展望；本书对 HRM 强度的前因变量与结果变量做出了梳理，力求在中国情境下总结出中小企业的 HRM 强度的发展特点。由本书第 6 章的实证研究可以得出，HRM 强度在企业发展过程中起着至关重要的作用，HRM 强度不仅对员工创新有着重要的影响，也能因此激励组织创新。李敏等（2011）认为，企业的 HRM 强度越强，员工的工作态度就越积极。冯菊香（2014）通过对陕西省公共部门 HRM 强度与员工幸福的问卷调查，验证 HRM 强度对员工幸福感的影响最强烈，并可以通过员工满意度与员工认同感对间接影响员工幸福感的提升。李鹏程（2014）通过对海信集团的案例研究发现，集团创业导向提升人力资源管理强度，进而通过对员工人力资本、员工组织承诺和员工主动性行为的作用，影响企业自主创新能力。张敏（2004）也研究了 HRM 强度对企业战略调整的影响，得出 HRM 强度的双面性作用。综上可知，提高企业的 HRM 强度，对促进员工的态度、行为和实现战略目标具有重要作用。因此，本书基于 HRM 六大模块，进一步探讨转型阶段中国企业人力资源管理强度的措施。

6.3.1 建立规范的员工招聘选拔体系

根据本书在第 4 章中分析到的我国中小企业 HRM 所存在的问题，人力资源管理强度提高还有很长一段路要走。人员招聘与选拔是人力资源管理工作的一项基本内容，基于组织战略发展目标的招聘与选拔，可以确保企业为特定的岗位配置符合组织发展要求的工作人员，以确保企业各项活动的正常进行。因此，战略性的招聘和选拔对企业的发展至关重要。

我国企业需要凭借多种方式来开发国内外的优秀人才，做到这点需要注意两方面：第一，可以凭借全球性的招聘计划和系统培训来培育全球化的高级人才；第二，可以凭借"买"或"借"的方法获取优秀的人才（赵曙明，2009）。然而在组织中，无论是外部招聘还是内部提拔，选拔的公平性都不容忽视。因此，企业应建立规范的员工招聘选拔体系，综合运用科学的外部招聘和内部提拔的方法，提高人力资源管理强度的公平性，为其他人力资源管理措施奠定基础。

选拔其实就是一个为企业的空缺岗位挑选合适人才的过程。当今的市场竞争就是企业间人才的竞争，如果出现企业岗位尤其是高管岗位长期空缺的现象，企业在激烈的人才竞争中就会处于劣势地位。HR 招聘筛选的目的就是在于辨别并雇用各方面条件最合适于特定岗位或职位的人，所以 HR 招聘工作的质量直接影响企业未来的绩效和业绩。

多数人力资源管理者认为，人员招聘和选拔是一项重要而复杂的工作，对其决策的重要性不言而喻。正如彼得·杜拉克（Peter Dmeker）所说，人员招聘和选拔这项决策会持续作用，没有其他组织决策是如此难以制定执行的，并且大多数情况下经理所做的提升和职员配备决策并不理想，按照一般的说法，平均成功率不大于 0.333；在大多数情况下，1/3 的决策是正确的；1/3 有一定效果；1/3 彻底失败。然而，若企业招聘与选拔到的员工资质平平或者不符合职位要求，那么即使计划再完美、组织架构再怎么完善，也不能够通过员工获得持续的员工价值优势。所以，选拔作为获得组织流动血液——员工的重要环节，企业必须能找到能胜任各项工作的人员，以确保组织战略目标的实现，促进组织人力资源管理强度的提升。

与此同时，招聘与选拔的费用也是构成企业 HRM 成本的一大部分，如何最大效用地发挥雇用到的人力资源的价值显得尤为重要。根据美国劳工部的估算，一名工人的雇用成本大约为 4 万美元，而更换一名员工的费用预计是其年薪的 2 倍。虽然数字看上去很大，但是对于高层次和低层次的人才之间，其大约为 3∶1 的生产率差别也需考虑在内。成功雇用到合适员工的招聘工作不仅会填补组织岗位的空缺，而且也会因此获得益处，通过员工提高岗位及部门业绩，只要员工还在，这种价值就会持续下去。

选拔的最终目的是使员工与空缺工作岗位相匹配，发挥人才的最大效能。这就意味着，在选拔过程中，不可一味地追求员工的极度优秀，而应该以"十分合适"为评价标准。如果一个员工的条件过高、过低或者由于各种原因与工作岗位或组织不相适应，他们很可能担任不了该空缺的岗位，最终可能会离开企业，不利于组织目标的实现。招聘的成本高昂，若企业最终招聘到的员工常常离职，最后出现员工的高流动性，那么招聘与选拔这项职能就丧失了本来的意义。即使存在少数员工的离开会对组织产生积极作用，高流动率的企业也几乎不能在长久的市场竞争中处于不败之地，不仅企业正常的产品开发、制造过程等方面会受延误，而且因为高流动率所产生的隐形成本如招聘、培训费用等也会对企业产生影响。

丁秀玲（2008）认为，可以凭借多种措施，建立立足于胜任力的招聘与选拔体系。例如：①相较于以往旧有的，新型工作分析需要将员工的胜任力作为基本框架，通过对优秀员工的关键要素等方面研究分析，确定岗位胜任要求和核心胜任力是什么，做到人—职位—企业三者的高度匹配。②采用基于胜任力的面试方法。主试的认知误差、被试的策略误差、面试的结构化因素造成了当前我国企业面试效果的不理想。为此，要从三方面进行改进：在面试内容上，要进行立足于胜任力的面试内容的开发；在面试程序上，要提升面试的结构化水平；在面试方法上，要综合运用多种面试方法，改善当前我国企业使用单一的"笔试+面试"的方法。③建立基于胜任力的评价中心。我国当前企业测评方法运用不恰当，评分维度欠妥。基于此，中国企业应在确定岗位胜任特征之后，寻找适合的测评方法，如无领导小组讨论、案例分析、面谈、心理测验等，并组成合适的评估小组，包括来自组织的HR专家、待聘职位的上级主管和心理学家（丁秀玲，2008）。

6.3.2 重视培训管理

世界名企——IBM和惠普的角色扮演培训法

（一）IBM的角色扮演培训法

IBM在计算机这个发展最迅速、经营最活跃的行业里，销售量长期名列前茅。那为什么 IBM 能一直成为行业的领先者呢？IBM 有什么妙招呢？IBM 追求卓越，在人才培训、造就销售人才方面更是如此，如果一名员工未经全面培训，绝不让其到销售一线去。近年来，IBM 一线销售人员的更换率低于3%。

IBM 公司采取角色扮演的培训方法培训新员工，这已经成为其特有的市场营销培训的基本组成部分。新员工入职第一年，在培训中每天都要进行销售角色的模拟训练。公司着重强调演练或介绍的客观性，包括为什么要到某处推销以及推销希望达到的目的。同时，培训者会对产品的特点、性能以及可能带来的效益要进行清楚的说明和演练。学员要学习问和听的技巧。该公司采取模拟销售角色法，让教员扮演的用户向由学员扮演的销售角色提出各种问题，以检查学员接受问题的能力。这种上课接近于一种测验，可以对每个学员的优点和缺点进行评判。另外，还可以在一些关键的领域对学员进行评价和衡量，如联络技巧、介绍与研习技能、与用户的交流能力以及一般企业经营知识等。对于学员扮演的每一个销售角色和每一次介绍产品的演习，教员们都会给出评判。

——转引自吴必达《成功企业如何培训员工》

（二）惠普公司的实战演练

惠普公司将其业务部门优秀销售人员的成功案例作为蓝本，针对 IT 行业和公司产品编写充满实战性的练习教案。根据练习教案，惠普众多优秀的销售经理扮演现成的客户，利用自身丰富的客户经验把各种性格、各种态度、各种场合的客户演得活灵活现，然后让销售人员用所学的知识、技巧和态度来应付、处理和引导客户。这些经理多数是参加培训的销售人员的直接老板或上级领导，这样在角色扮演时，这些销售经理不仅可以直接向部门的员工介绍自身经验，做现场指导，还可观察到本部门的员工在集训时的学习表现。

每次实战演练之后,培训讲师会对学员进行点评,讲师非常强调课堂上对角色扮演中的得与失进行讨论。另外,还有来自角色扮演者的销售经理的点评,他们会就销售过程中需要积累的客户经验和销售常识进行专门性的点评。人力资源部门的 HR 则从人际交流和沟通的角度来进行点评,如从销售人员与客户的交谈中发现销售人员倾听技巧不够,肢体语言不够得体,客户态度性格把握不够等。

——转引自众行管理咨询研发中心编《培训为什么》

自从迈克尔·波特(Michael Porter)提出了"竞争战略优势和竞争优势"概念,有关核心竞争力和提高竞争优势的关注大大增加,其研究和探讨也不断涌现出来,其中企业界和学术界都在关注如何通过战略性培训获取和提高企业的竞争优势。随着社会的进步和经济的变革,企业竞争环境日益复杂,这令很多企业意识到要获得和保持核心竞争优势,可以通过有效的战略性人力资源培训与开发来推动组织战略目标的实现。

任何产品和服务的生产、任何战略的执行,都需要员工的知识、技术和能力的投入。出于对培训的重视,包括联想、海澜之家等中国知名企业都建立了自己的人才培训基地或企业大学,对培训方面的投资也相当可观。另外,培训之影响也是多方面的。除了增加员工的知识和技能,培训还有良好的激励作用,能够提高员工的满意度和组织承诺,以及对企业的使命、愿景和战略目标的理解和认同。然而,当前我国企业培训存在培训投入不足、执行力度不够、培训评估不到位等问题,需要建立规范合理的培训体系。在战略人力资源管理中,立足于业务战略构建员工培训体系,是形成组织核心竞争优势的途径之一(见表6-1)。

表6-1 不同业务战略下企业培训与开发的重点

战略		业务战略重点	达成战略的途径选择	关键点	培训重点
集中战略		降低市场份额；降低运作成本；建立和维护市场地位	改善产品质量；提高生产率；技术流程创新；产品客户化	技术先进性；现有员工队伍的开发	团队建设培训；跨职能培训；专业化培训；人际关系培训
成长战略	内部成长战略	新市场开发；新产品开发；创新；合资	现有产品营销；增加分销渠道；全球市场扩张；现有产品修正；创造新产品；合资扩张	创造新的工作和任务；创新	支出或促进高质量产品；沟通；文化培训；建立创造性思考的文化；工作技术能力；管理者沟通/反馈/谈判方面的培训
	外部成长战略	横向一体化；纵向一体化；集中多元化	兼并在产品链条上与公司处于相同阶段的企业；兼并能够为公司提供原料或购买产品的企业；兼并其他企业	一体化；人员富余；重组	确定被兼并企业员工能力；培训系统一体化；合并企业的流程与程序；团队控制
收缩战略		精简规模；转向；剥离；清算	降低成本；减少资产规模；获取收入；重新确定目标	效率	激励、目标设定、时间管理、压力管理培训；领导能力培训；人际沟通培训；重新求职的帮助；工作搜寻技巧培训

资料来源：雷蒙德·A. 诺伊. 人力资源管理［M］. 北京：中国人民大学出版社，2001.

传统的人力资源培训与开发（Human Resource Training and Development，HRT&D）是指一种有计划的、连续性的工作以实现改进员工能力水平和组织业绩的目的。例如，培训者通过亲自传授，教导一名工人如何使用机器。

要想提高企业人力资源管理强度，则要把眼光从传统人力资源开发转向战略性培训。战略性培训则更强调从长远目标、战略思考入手，将其紧密地融合在一起进行系统规划。培训已不再是只为了实现组织的短期目标，而是从长远战略出发，旨在获取竞争优势的人力资源基本职能，它是基于目前组织人力资源现状分析、职位分析等，同时依据人力资源规划，辅以薪酬奖励福利等方式而设计。另外，它并非各种技能、知识等课程的简单相加或堆积，而是一个完整体系，它能立足于长远战略目标，综合考虑组织、部门和个体三个层面的不同需求，从多种培训方案中做出战略性的选择。在真正实施培训过程中，战略性培训会逐渐渗透到员工的日常工作中，营造出组织良好的学习氛围。

要立足于业务战略提高员工培训效能，首先要通过良好的培训设计，构建完善的员工培训体系；其次要树立正确理念，制订合理计划；最后要脚踏实地落实好培训计划，并关注培训评估与效果的反馈（林枚，2009）。适于员工发展的培训计划能够提高参与度，使员工把培训计划与自己的职业生涯规划相结合，因此也提高了人力资源管理强度的相关性（组织尽可能使HRM实施目标和情境与员工的个人目标相一致），培训效果明显改善。此外，立足于业务战略的培训计划，能体现人力资源管理强度的有效性（人力资源管理实践活动所收到的效果应该尽量符合各项措施所设定的目标和要求），更好地为战略目标服务，这样的培训与开发才能更好地提高人力资源管理强度。从组织的角度来说，正确的培训与开发更要注意以下内容：

（1）正确认识掌握培训与开发的轻重缓急，这并非一蹴而就的事。企业的培训开发需求随着企业所处行业，企业自身特点以及企业发展阶段的不同段而产生不可忽视的差异。对于管理类，理念更新的培训则较难进行，因为这种培训与开发很难在短时间内见效，其效果也不容易评估且代价很大。为克服种种困难，有效制定战略性的培训与开发，还需要结合企业发展阶段来考虑，企业当前迫切需要解决的问题应优先进行。需要注意的是，没有一种培训与开发能一步到位。培训与开发是一个循环持续的过程，企业要在工作过程中根据需要不断从培训到评估再提升到开发阶段。

（2）培训与开发要伴随企业战略不断调整。管理战略实施是一个动态过程，随着时间、环境、技术等因素的变化而变化。这就要求培训与开发的计划要有预期性和可调整性，管理者对环境有敏锐的观察力和反应力。

（3）形成合理的"推力"和"拉力"。海尔的"斜坡球体论"中提到，"推动力是基础管理，上升力是创新"。"推力"指的是基础管理工作，主要体现在培训与开发制度和运营工作上。"拉力"指的是人力资源管理机制。首先，应建立一套完善的培训和开发管理控制程序文化，对培训与开发的需求、策划、实施及效果考核这四个方面提供科学的依据和流程。其次，在实施培训时，要严格按照培训与开发的管理制度和流程进行。

（4）注重过程的双向沟通，了解员工的真实想法。这一环节中，需求收集和分析是十分重要的，HR应该明了员工的真实想法和目前水平，通过培训方案制定过程的沟通提高员工对培训课程的兴趣和积极性，从而因地制宜设计出生动有特色的、符合员工需求的培训开发方案使培训能真正实现预期效果。

（5）为员工提供最优秀的职业生涯规划，是战略性开发的重要方式。职业生涯规划要求准确评价员工的特点和强项，评估其个人目标、现状和差距，重新认识员工的价值并使其增值，准确定位员工的职业方向，制定合理科学的职业上升渠道,从而增强员工职业竞争力。

6.3.3 建立以结果为导向的绩效考核体系

传统人事管理体制下的多数我国企业,在当时并没有正式化和系统化的绩效管理制度,有的也仅只是流于表面的定性评估而没有科学明确的绩效评估目标,绩效评估的最终结果和 HRM 其他板块间没有直接明确的联系。因此,传统体制下的绩效管理效果微乎其微,无法调动员工的工作积极性和创造性,企业也显得活力不足。经济转型现阶段,我国企业普遍重视起绩效考核制度,建立以结果为导向的绩效考核体系,不仅设立了明确而具体的考核目标,而且把评估结果和员工晋升、加薪相联系,从而有效传递了工作目标和工作压力,有益于提升企业的组织绩效。

从 19 世纪末 20 世纪初至今,伴随着管理思想及理论发展,绩效管理成为 HRM 理论研究的重点,绩效管理工具与技术也在不断发展完善,并在 20 世纪产生了革命性的创新。20 世纪 50 年代前,无论是其理论还是工具都非常单一,尤其是表现性评价。此后,研究者先后提出了组织效能评价标准、目标管理、标杆管理、关键绩效指标、平衡计分卡等绩效管理的理论、工具与技术。绩效管理近些年来不断发展,从横向上讲,其评价范围从单一财务业绩指标到全方位指标;从纵向上讲,由单一人事测评工具提升到战略性绩效管理工具,不断关注开发其经营功能。平衡计分卡(BSC)作为在世界上广受重视的绩效评价体系,也被应用到人力资源管理中。组织的使命、核心价值观、愿景和战略构成了有效 BSC 的组成部分,它通过四个层面中每个层面的目标、指标及行动方案,将组织的使命、核心价值观、愿景和战略转化为现实。所以,在制定 BSC 目标和指标时,必须按照组织的使命、核心价值观、愿景和战略，确保目标和指标的协调一致性。在明确这四个方面后，平衡计分卡战略地图提供了一个简要的框架，如图6-1所示，用于说明战略如何将无形资产与价值创造流程联系起来。

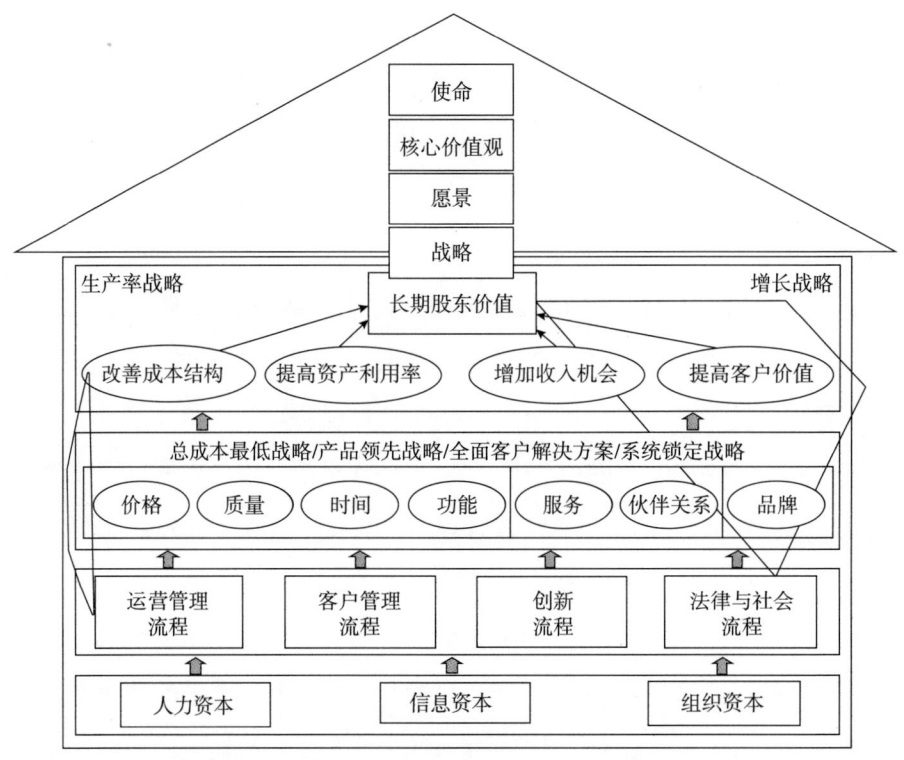

图6-1 平衡计分卡框架

布莱恩、贝克、马克、休斯里德和迪夫、乌里奇（2001）在平衡计分卡的基础上设计出人力资源计分卡，曹晓丽、林枚（2010）在人力资源计分卡的基础上构建了人力资源管理效能计分卡（HRME-BSC），如图6-2所示。

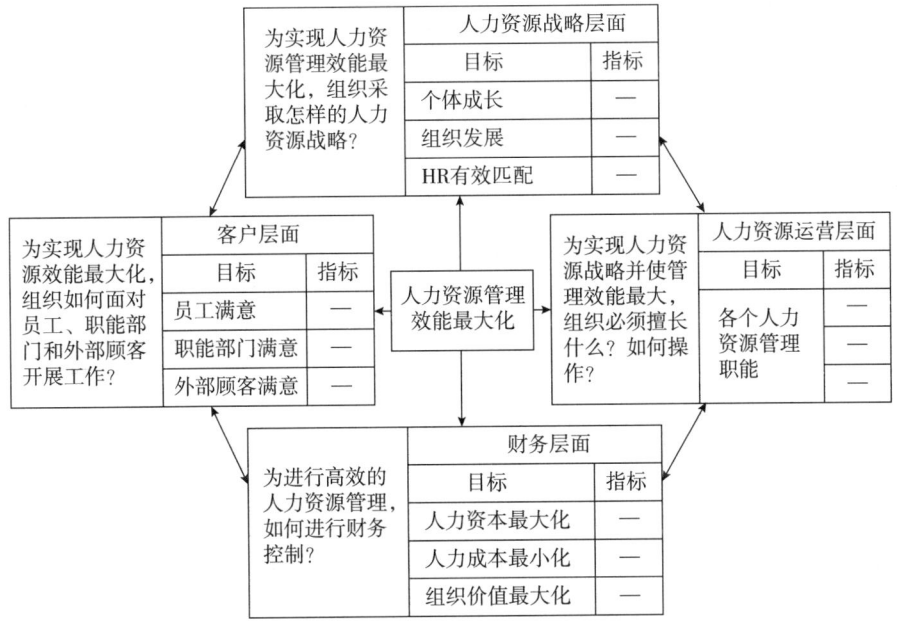

图 6-2 人力资源管理效能计分卡

人力资源管理效能计分卡从战略、运营、客户和财务四个方面评价组织的人力资源管理效能，为企业绩效考核提供了一种更加全面、系统的思路。但是，有关此方面的研究国内仍较少。探索不同形式的绩效考核体系，依据企业自身情况进行改进设计，提高人力资源管理强度的充分性建设，调动员工积极性，依然是转型期中国 SHRM 的研究重点。

6.3.4　重视建立与绩效挂钩的薪酬体系

华为的员工持股计划

据最新数据显示，华为在 2015 年的销售收入约 3900 亿元人民币，其终端业务销售收入较去年超过200亿美元，同比增长近70%。早在2012年上半年，华为就已超越爱立信成为全球最大的电信基础设施制造商。在华为的高速成长史中，其独具特色的员工持股制度被认为是成功的关键因素之一。

任正非早在创建公司时，就设计了员工持股制度。后来，来自人大的几位教授为其找到了理论上的依据，将其升华为"知识资本化"。坊间传闻，虽然《华为基本法》是由专家撰写，但任正非对专家拟定的文件一直不满意，由于修改多轮都没有达到自己的要求，最终任正非自己闭关几天，亲自修订，形成最终稿。在《华为基本法》中，有关员工激励的表述有这样一段："我们是用转化为资本这种形式，使劳动、知识以及企业家的管理和风险的累积贡献得到体现和报偿……知识资本化与适应技术和社会变化的有活力的产权制度，是我们不断探索的方向。"

截至2011年12月，华为共有65596名持股员工。在《一江春水向东流》中，任正非披露了当年的心路历程："我创建公司时设计了员工持股制度，通过利益分享，团结起员工。那时我还不懂期权制度，更不知道西方在这方面很发达，有多种形式的激励机制。仅凭自己过去的人生挫折，感悟到与员工分担责任，分享利益。创立之初，我与我父亲商量过这种做法，结果得到他的大力支持，他在20世纪30年代学过经济学。这种无意中插的花，今天竟然开放得如此鲜艳，成就华为的大事业。"

华为的员工持股制度特点十分鲜明，如"人走股退"，没有人能够躺在功劳簿上睡大觉。

——转引自《HR转型突破》

在传统的薪酬管理理论中，其方案的制定不外乎先通过市场调查，然后制定职级职等表，将同级职位归类划分清楚，依据组织内部现实情况进行微调，最后制定出本企业的薪酬等级表。然而，我国的现实发展证明这种做法很难行得通。在传统计划经济体制下，我国企业员工个人绩效对收入的作用往往得不到体现，绩效管理体系的作用无法发挥出来，员工工作的积极性和主动性也难以调动；而市场经济改革以来，员工绩效评估的结果和直接薪酬挂钩的做法已成为大多数高绩效企业的普遍做法。

薪酬本身作为一种激励手段能够激励员工努力工作，但是与绩效挂钩的薪酬能够更有效激励员工，所以绩效薪酬越来越受到重视。可以将绩效薪酬制度认为是一种敬业激励合约，这种非强制的合约以相对业绩为基础。换言之，是一种锦标赛合约（Tournament-type Contract），员工的业绩越高，获得的报酬就越多。目前，比较流行的几种绩效薪酬体系有基于技能的工资（能力导向制定薪资，工资标准由技能最低直到最高划分出不同级别）、激励性年薪报酬制度（包括单一报酬结构与多元报酬结构）、股票期权制（授予某些员工未来以一定的价格购买股票的选择权）、虚拟股票期权，等等。

人力资源管理强度的一致性要求各项措施及其落实阶段过程高度统一，绩效薪酬把 HRM 系统中的绩效管理和薪酬管理结合起来，有效地改善员工的态度和工作行为。然而，长期的计划经济体制使我国企业薪酬管理依然有着浓重的行政色彩，因此，实行现代的绩效薪酬体系，要注重理论和实践的结合。首先要加强薪酬管理的基础工作，这是实行柔性管理的条件；其次要保持原先制度的完善和发展；最后要注意对人的真正关注，符合"人本管理"的要求（何燕珍，2002）。

绩效评估结果与薪酬激励的有效挂钩可借鉴战略性薪酬管理的具体流程和措施，传统人事管理中薪酬管理层次低，不能有效支持企业战略目标的实现，也缺乏密切内在联系，同时存在不能加强组织的团队建设、不能适应组织架构的扁平化趋势等诸多问题，故而现代化的组织需要将战略目标转化为实际行动,推动组织内部形成协调一致的薪酬体系,使绩效和薪酬有效挂钩。

6.3.5 重视实施严格的劳动纪律管理

以往未转型时期,计划经济的高保障进一步引发员工的惰性,员工的职业素养相对国外比较匮乏。目前,我国企业存在诸多不良现象,如企业的劳动纪律没有合理有效的管理及之相配套、劳动纪律难以落实、二级单位不重视等弊端。使员工认识到并清晰理解企业有关劳动纪律的措施,也是人力资源管理强度可视性(人力资源管理的具体措施容易被员工观察到)和可理解性(人力资源管理信息都是清晰的,而且容易被员工理解)的要求。因此,目前,我国大多高绩效企业都很注重强调严格的员工劳动纪律管理,员工不仅要遵守企业的作业规范和各种规章制度,对于违纪违规行为也也要坚决惩罚。针对加强劳动纪律管理的做法,不同的学者给出了不一样的思路。第一,要加强对职工劳动教育制度,从思想道德和行为规范上约束员工;第二,要加大检查力度,及时通报处理(张海涛,2011);第三,要注重人本主义,得到员工的认可;第四,要进一步完善劳动纪律,辅以适当的考核机制(郭跃,2013)。

第一,管理制度中注重"人本主义"。企业首先应该知道员工所追求的是自己利益的满足,所以制定科学人文化的劳动管理制度是管理者的工作。民主管理将"人本主义"与融合到现代的劳动纪律管理中。比如说,上级能用制度方法来强制员工上班,却难以保证员工的高质量产出。故而,注重管理过程的人本主义,以员工为劳动纪律管理的中心,邀请员工广泛参与制度的制定,有利于体现对员工的尊重和制度的公开性、公正性和可执行性,使劳动纪律管理制度得到明确落实。

第二，在完善的制度基础上辅以考核机制。劳动纪律管理制度不仅仅要落实，更要对其进行有效的考核。首先，要用用科学合理的制度来约束、奖惩、激励员工，使其落到实处。其次，企业劳动纪律管理并不只是人力部门自己的事，各部门的领导必须高度支持和参与，各部门、各小组通力协作，只有这样才能够形成长效机制。

第三，树立标杆，引导员工转变观念。提高企业绩效必须要提高员工组织认同感。基于社会认同理论，上级领导者必须身先士卒、做出表率，引导员工转变观念，让员工感知到自己和组织是一根绳上的蚂蚱，一荣俱荣、一损俱损。强化员工自觉遵守劳动纪律的思想，化强制为自觉，由我必须遵守到我想要遵守。另外，在组织内部要善于标杆管理，对于认真执行劳动纪律管理制度的员工进行奖励，树立组织典范。只有进行观念上的根本改变，才能真正消除存在的长期弊端，实现劳动纪律管理的自觉化。

现阶段，我国各行业的发展程度不均，很多企业至今没有从工厂制转变至公司制，管理不到位、产权不明了、用人机制不规范的现象比比皆是。很多企业犹如一盘死水，活力微小，而员工正如同鲇鱼，企业通过引进外部人才，可以为组织带来新的生命力，创新团队的信息和知识，改善人才配置。所以，近年来，企业广泛采用人才的竞争流动，如理人员能上能下、员工末位淘汰等。有竞争就有压力，有压力就有动力，通过这种竞争流动机制，员工自身的能力和岗位胜任力大大提升，企业的人才配置效率也有所上升。

在企业内部建立良好的人才流动机制，需要注意：企业人力资源架构设计要科学合理，定位准确；要建设完善人才机制，实现人—岗匹配；鼓励建设组织内部人才竞争机制，发挥倒逼进步的作用；多渠道搞活内部人才市场流动性，达到"自由"进出等（徐晓军，2013）。目前，我国对于企业人才竞争流动机制的研究较少,需要进一步探究。

构建竞争性人才流动机制,需要内部岗位空缺透明化,构造人才流动信息链,营造公平竞争的环境(宋莹,2015)。实现人才在组织内部的科学合理流动,公开透明化岗位发布机制和完善完整人才流动信息链。常用的空缺岗位发布方式包括向所有员工发送岗位信息邮件,建立公司内部招聘微信群,在公司公告栏张贴岗位空缺信息等。实现岗位信息对称,让员工知道每个部门能够给他带来什么,而不是一味地强调要员工具备什么能力,需要他们给部门做什么事情。完整的内部人才流动信息链包括"岗位需求—招聘计划—员工招聘—绩效考核—薪酬福利—员工离职"等环节的信息。人才流动信息链的构造需要通过 HRM 系统——E-HR 系统来实现。E-HR 系统基于信息化模式,不仅可对每位员工信息进行动态跟踪并储存至数据库,从而形成企业员工的电子档案,而且 HR 也可通过参考 E-HR 信息调配合适的内部人才,大大降低传统管理成本,减轻 HR 的负担。

此外,还可以通过建立内部跳槽制度来实现内部流动制度化、体系化管理,有助于打破人才流动壁垒,给员工提供机会,促进人才的竞争性积极性流动,国内外不少知名企业都具有类似的制度来促进人员的内部流动。比如德勤的"大规模职业个性化计划",员工每年可改变两次工作偏好(如在平级调动及旅行时间选择等)。员工通过类似内部跳槽的方式解决职位悸动,实现自己的职业规划目标。这种方式不仅有利于员工积极性的提高,也有利于组织能够从中及时发现和提拔人才。

因为东西方的管理情境不同,现阶段西方国家的企业重视信息分享、参与管理、决策分权、内部劳动力市场、申诉机制、就业保障等方面的参与型和承诺型人力资源实践。但上述六条对转型阶段的我国企业的效果更加明显。

本章参考文献

[1] 曹晓丽,林枚.基于人力资源计分卡的人力资源管理效能评价指标体系研究[J].中国人力资源开发,2010(11):35-38.

[2] 丁秀玲.基于胜任力的人才招聘与选拔[J].南开大学学报,2008(2):134-140.

[3] 董克用.我国人力资源管理面临的新环境与新挑战[J].中国人力资源开发,2007(12):6-10.

[4] 冯菊香,侯宝柱.人力资源管理强度与员工幸福——基于陕西省公共部门的调查[J].延安大学学报(社会科学版),2014,36(2):68-72.

[5] 郭跃.浅析如何抓好企业的劳动纪律管理[J].企业管理,2013(6):191.

[6] 何燕珍.企业薪酬管理发展脉络考察[J].外国经济与管理,2002,24(11):25-30.

[7] 李敏,刘继红.人力资源管理强度对员工工作态度的影响研究[J].科技管理研究,2011(19):147-161.

[8] 李鹏程.集团公司创业导向、人力资源管理系统强度与自主创新能力[D].山东大学硕士学位论文,2014.

[9] 林枚.立足业务战略 构建企业员工培训体系[J].中国人力资源开发,2009(3).

[10] 柳智毅,张相林.知识经济时代人力资源开发面临的挑战与对策[J].中国人力资源开发,2009(1):95-97.

[11] 宋莹.基于知识型人才的内部人才流动机制构建路径分析[J].

中外企业家，2015，25：149-150，163.

［12］王雅洁，戴景新，邢会，高素英.转型期人力资源管理发展中的问题与对策［J］.统计与管理，2012（6）：131-132.

［13］徐晓军.建立企业内部人才流动机制探究［J］.企业管理，2013（8）.

［14］张海涛.浅谈如何抓好劳动纪律管理［J］.企业家天地，2011（6）：193.

［15］赵曙明.中国人力资源管理三十年的转变历程与展望［J］.人力资源管理，2009（1）：7-9.

［16］姜春力.中国经济发展新阶段、新机遇、新挑战——中国经济年会观点综述之一［J］.经济研究参考，2013（7）：70-73.

后　记

此书得以出版，首先要感谢国家社科基金项目的支持。我前期关于人力资源管理强度系列研究的开展主要依托 2013 年获批的国家社科基金青年项目"我国中小企业人力资源管理系统强度研究"，本书也是此项目的成果之一。《我国中小企业人力资源管理系统强度研究》是我博士毕业工作以后获批的首个国家级科研项目，不仅为我早期的研究工作提供了宝贵的资金支持，也给予了我走上工作岗位，开始新的科研生涯的鼓励和信心。

此外，还要感谢在选题和研究过程中给予我大量支持和厚爱的师友、学生和家人。对"人力资源管理强度"的研究计划缘起于读博士期间和魏立群教授的一次学术讨论。魏教授作为我的博士生副导师，一直以来对我的学术研究十分关心。记得在我博士快毕业的时候，魏教授和我分享了 Bowen 和 Ostroff（2004）撰写的一篇文章，并向我强调了这篇文章的重要价值。从那一时刻开始，我就和人力资源管理强度结下了不解之缘。所以，在此由衷地感谢魏立群教授，是她不厌其烦的引导让我坚定了学术发展的方向。从毕业到现在，魏教授亦师亦友，在人生的各个关键路口都给予了我真诚的指导和教诲。

感谢我的博士生导师李骥教授。李教授为人谦和、善良，对待学生富有爱心、耐心和责任心，对他们在科研上遇到的问题总能提供无私的帮助和指导。在学术上，李教授专注、精进，尽管已经取得了诸多学术成就，但仍虚怀若谷，笔耕不辍，刻苦钻研。正是在李教授为人处世和科研精进的示范带领下，我坚定、努力，同时将学习到的点滴作为我教书育人的标杆并不断传承。

感谢我的博士后导师陈志军教授。陈教授为人厚道、真诚宽容，对待学生充满爱心、真心、责任心，在教书育人过程中贯彻"成人达己，成己为人"的理念；陈教授为学严谨、开明包容，主张深入浅出地讲课，持之以恒地做学问，倡导学会幸福生活；凡此种种，为我适应入职，平衡好教学、科研和生活提供了很大的帮助，也使得本书能尽快面世。

感谢张玉明教授。张教授一直致力于中小企业的调研和数据库建设。张教授在得知我需要中小企业调研数据时，毫无保留地把辛苦整理的数据给我共享。在此，衷心地感谢他为本书提供的大量数据支持。

感谢山东大学管理学院的各位领导和同事。管理学院是我博士毕业后步入高校的第一站，不仅陪伴我度过了无数个努力的日子，也为我的成长和锻炼提供了平台和支持。无论是在工作、生活还是科研的道路上，遇到任何问题，各位老师都非常热情、非常耐心的帮我解答，让我深深感受到了组织的温暖和同事的友情。

感谢李鹏程、胡冬青、陈琳、于冰洁、吴方建对"人力资源管理强度"研究项目的支持。正是他们的积极参与，才使得本项目能够顺利完成。在此对他们表示真诚的感谢！感谢张淑洁、袁硕、刘欢鑫、柯慧杰、程昱斐等几位研究生对本书出版前期所做的文字校对等工作，祝福他们在工作、学习中顺心如意，再创佳绩！

感谢家人们对我工作的大力支持！感谢他们默默无闻为我付出的一切！感谢我的先生——贾忠明一直以来对我"枯燥"的学术工作的认可与支持！他以智慧和学识在我人生前行的道路上给我注入了奋斗的动力和热情！

最后，在编写过程中，本书参阅与借鉴了大量的学术文献、书籍和网络资料，在此谨向这些资料的作者表示最诚挚的感谢。

希望，未来继续在"人力资源管理"研究道路上，不忘初心、持之以恒！